一个偏远山村变身『绿色硅谷』的故事

神山奇迹

（日）筱原匡 著　　虞辰 译

新星出版社 NEW STAR PRESS

新经典文化股份有限公司
www.readinglife.com
出　品

因卫星办公室备受关注的神山，最近前来考察参观的人络绎不绝。图片是缘侧办公室里，不在意参观者目光，专心工作的当地年轻人。

在神山遇到的沃德一家。沃德夫妇为了看望移居到神山的儿子儿媳和孙子，从英国兰卡斯特来到神山。在神山，外国人、移居者比比皆是。

石墙。神山特有的风景，平原地区很少见。

这样的旧民居都变成了卫星办公室、店铺。

在大粟山上散步，到处都能看到艺术家们留下的作品。图片是南非艺术家的作品。

突然出现在山里的图书馆。里面收集了
毕业、结婚、退休这三个人生节点影响
人们的书籍。

在神山，以绿谷为中心，举办邀请移居者和神山塾学员一起参加的聚会。

目录

前言

　　大家是否知道《模拟城市》? 这是一款城市建造模拟游戏。游戏中，玩家以市长的身份，在一定范围的土地上规划建造一座城市，最终实现人口的增长。为此，玩家要推进工业化水平、完善商业设施、建造住房……以提高自己在市民中的支持率。

　　然而，一味地推进工业化会导致环境污染；忽略教育、治安、公共卫生等问题会招致市民的不满。因此，和现实社会一样，游戏中的玩家必须将方方面面考虑周全，才能实现城市的均衡发展。

　　一九八九年电脑版问世以来，《模拟城市》一直是长盛不衰的经典。为了更真实地模拟现实社会，游戏还相继推出了不同的主题系列。目睹游戏里一个个漂浮在地图上的图标，像是亲身体验了整个地区发展的过程，看着就让人兴奋。

　　为什么要在开篇说这些呢? 因为我见到了现实中的"模拟城市"——德岛县神山町。

少子化、老龄化的农村里有企业了!

　　在鲇喰川沿岸有一座人口约为六千一百人的小镇——神山。小镇距离德岛市内只有四十到五十分钟路程，但平地稀少，星星点点的村落简直像粘在陡峭的斜坡上。过去，神山町也曾因林业的发展繁荣一时，但随着木材价格走低，它最终没能逃脱人口减少的命运。这是一个典型的备受少子化和老龄化困扰的山区，人口老龄化程度高达百分之四十六。

然而，这样一个神山町却因 IT 风险投资的"转移浪潮"而沸腾了。

二〇一〇年十月，从事企业名片管理的 Sansan 株式会社首先在神山设立了卫星办公室——神山实验室。随后又有九家风投企业在这里租下了旧民居用作办公场所。还有一些大型 IT 企业，如雅虎、谷歌等，虽未设立固定办公室，却也不时会派员工来短期工作，就这样，闲置已久的老旧民居陆续被改造成了办公场所。

改变不仅体现在办公场所的设立上。

随着移居者的增多，当地各类店铺和服务设施也越来越齐全了。这几年来，面包房、咖啡店、牙科诊所、意粉屋、广岛烧店、法式餐厅、图书馆等，都出现在了神山的地图上。最近一两年的发展尤其显著，每次来神山都能发现新的变化。还有越来越多艺术家、创作人之类的文化创意型人才移居这里。神山町真的脱胎换骨了。

这里甚至来了很多外国人。我就曾多次和金发碧眼的外国人在路上擦身而过。实际采访中，我遇到了一对英国老夫妇，他们是来探望儿子和儿媳的。老夫妇告诉我，他们的儿子鲁弗斯·沃德是一名艺术家，他在二〇一〇年三月和妻子系井惠理一起搬到了神山。为了见到孙子，这对老夫妇每年都会来神山一次。此外，嬉皮士装扮的年轻人在路上也很常见。

神山的发展还反映在统计数据上。二〇一一年的人口动态调查数据显示，神山町的迁入人口超过了迁出人口。尽管实现了人口机械增长的正增长，但体现在数字上只有十二人，自然增长仍为负一千余人，人口减少的趋势并未得到抑制。不过无论如何，自一九九五年建町以来，人口机械增长还是第一次为正。因此，熟悉神山町的人都被这样的变化深深震动了。

随着年轻人口的流失和老龄化的加剧，在日本偏僻山区，人口过度减少的问题日益严峻。有些村落甚至成了无法维持社会机能的"限界集落"①，而且这样的村落正在迅速增多。当然，为了吸引年轻人和企业，这些地区的自治团体和居民一直都在努力采取各种措施，但骨干力量的年龄越来越大，做事越来越力不从心，就像陷入了一个死循环，找不到出路。这其中，只有神山独辟蹊径，脱颖而出了。

为什么神山做到了？神山不是什么旅游胜地，类似的自然环境和景观比比皆是，致力于招商引资的自治团体在全国也数不胜数。但工程师和创意工作者偏偏选择了神山町，这究竟是什么原因？

神山有其自身的有利条件。比如优越的 IT 环境。

单看街景可能无法想象，神山拥有全国首屈一指的通信基础设施。现任德岛县知事热心于信息化建设，从二〇〇五年左右起，便在德岛全境大规模铺设了光纤网，光纤总长超过二十万公里，能绕

---

①由于人口过度减少，一个地区一半以上的人口都是六十五岁以上的老年人，社会基本共同生活难以维持的村落。

地球五圈，全县人均占有光纤长度排到了全国第一。优越的通信环境对 IT 企业、特别是从事影像制作的企业来说，有巨大的吸引力。

生活成本低也是原因之一。房屋的月租金随面积大小在三万日元上下浮动。尽管不少房屋需要重新装修，但只要不怕麻烦，装修费用不会很高。况且地处深山的神山交通并无不便。二〇〇七年，新府能隧道大大缩短了神山町到德岛市区的距离。对希望尝试在任何地方都能办公的企业和商务人士来说，神山再合适不过了。

上面说的这些都可以称其为原因，也都可以不是。

的确，是否具备完善的 IT 基础设施，在决定设立办公室或移居时是重要的考虑因素，但这并不是企业和移居者选择神山的主要原因，神山这个地方和这里的人才是更重要的。换句话说，是神山孕育出的氛围吸引了他们。

而氛围的核心，是总部设在神山的绿谷（Green Valley）。

让日本的乡村华丽变身！

绿谷是一个公益组织，包括理事长大南信也在内共五名工作人员（除了工作人员，还有十名理事）。他们的主要工作是为移居者和艺术家提供帮助、对空置房屋再利用、人才培养、道路清扫等，小小的机构因卓有成效的工作闻名全国。

由民间团体承包一定区域内道路清扫任务的志愿者活动"卫生包干项目（Adopt Program）"就是由绿谷首先引入日本的。招募国内外艺术家进驻神山进行创作的"神山艺术家进驻（Kamiyama Artist In Residence，简称 KAIR）"项目也进入到了第十五个年头。

此外，绿谷还开发了让手艺人入住旧民居，以此增加常住人口的"工作进驻（Work In Residence）"项目，以及向尝试工作方式转型的城市企业出租空房的"卫星办公室（Satellite Office）"项目。

"让日本的乡村华丽变身！"是绿谷的使命。可以说，绿谷本身就是这项使命的体现。

如果要用一句话概括绿谷的特质，那大概就是"开放和自由"。无论做什么，都不会在一开始持否定态度，而是以行动努力将事情做得更有意思。一旦开始就不说丧气话，用尽一切办法坚持到底。同时，不强迫人们一定要做什么，充分发挥成员和参与者的自主性。"去做就好了"是绿谷的口号。大南说，这句话是德岛方言版的"Just Do It"。

"热心于区域振兴事业的人到处都有，但像大南、岩丸、佐藤这样边开玩笑边做事的人还真少见呢，起码这三个人确实是在开玩笑（笑）。他们做的事情就像是把小学生的梦想放大。"

在神山开设卫星办公室的 Plat-Ease 株式会社负责人隅田徹笑着说。在农村，绿谷是个很难得的组织，气氛轻松，又不失沉稳。

这个组织的轻松氛围也体现在成员关系上。对外，担任理事长的大南是领导，但对内，成员间不存在什么领导，而是每个人分别承担着自己的任务。善于组织、沟通的大南是将神山介绍给外界的代言人；岩丸洁和佐藤英雄则更像是全力出演的伴唱人，关照新来的移居者、为其介绍空房之类的辅助工作都由这二位负责，是不可或缺的角色。

KAIR 执行委员会的首任会长森昌槻与现任会长杉本哲男负责接待来访的艺术家；善于活跃气氛的尼古拉（河野公雄）担任事务局长，一手包揽各项事务性工作。粟饭原国子、松浦广美等人负责把各个村落团结在一起，也都承担着重要的任务。最近，粟咖啡店的中山龙二和农下村塾的山口良文等移居者也加入了理事的行列。绿谷没有严格意义上的领导者，却以团队之力同时开展着不同方面的工作。这也是绿谷的一大特征。

一座深山小村里聚集着来自都市的企业和年轻人，这听起来似乎很不可思议。与神山町面临同样问题的地区负责人不断前来考察，媒体关注度也不断提高，神山越来越多地出现在 NHK《现代大特写》、东京电视台《日经 Special 盖亚的黎明》这些全国知名的电视节目中。仅二〇一三年一年，绿谷接受的视察和采访就多达二百五十件。

不过，目前大家的注意力主要集中在这里的卫星办公室上。而通过神山本身，我们可以看到更多层面的东西。

比如，从企业和组织的角度，我们可以发现"建设创意型地区"这一课题。迄今为止，绿谷已经培育起了好几个极具独创性的项目。近来，不少外部的创意工作者和艺术家也不断参与到项目的策划中。明白了他们能够参与其中的原因，大概就能给那些苦于无法创造附加价值的企业和组织一些启示吧。

同样，如果着眼于移居者的生活方式，我们可以发现"新的工作方式"这一课题。卫星办公室的成员正在不断实践在任何地方都能办公的工作方式，并不断试验如何提高工作效率。有些人甚至为了追求自己的梦想辞去了原来的工作。在总体就业情况并不乐观的大环境下，如何平衡工作和生活，是很多人不得不面对的难题。

也许，他们的故事和迈向新生活的姿态，能给对人生感到迷茫的年轻人带来勇气。绿谷还创立了提供求职培训的"神山塾"。来参加培训的年轻人都有各自的目标，通过在神山的生活，找到了属于自己的生活方式。如此，神山已经成了一个使人焕发新生的地方。

当然，卫星办公室、KAIR 等项目的开展，也促成了区域振兴和空屋再利用的灵感。

创造力的孵化器、工作方式的实验室、使人焕发新生的地方——神山不可思议的磁场，孕育出了这种多样性。

赞美的话就不多说了，现在让我们开始讲述绿谷和神山町的故事吧。为了让大家有个整体印象，我们先来了解一下神山代表性的景点和游乐场所，从中感受神山蕴蓄的能量。

接着再来讲述移居者们的人生故事。其生活状态不仅说明了他们要来神山的原因，或许还能让读者重新思考人生，思考活着的意义。

最后会将绿谷的整个发展历程呈现给大家，讲述如今熠熠生辉的"奇迹之城"神山町是如何建成的。这个过程一定能给读者带来很多启示。

本书省略敬称。

四国地区

德岛

德岛高速公路

德岛线

高德线

德岛阿波踊
机场

吉野川

JR德岛站

神山町

牟岐线

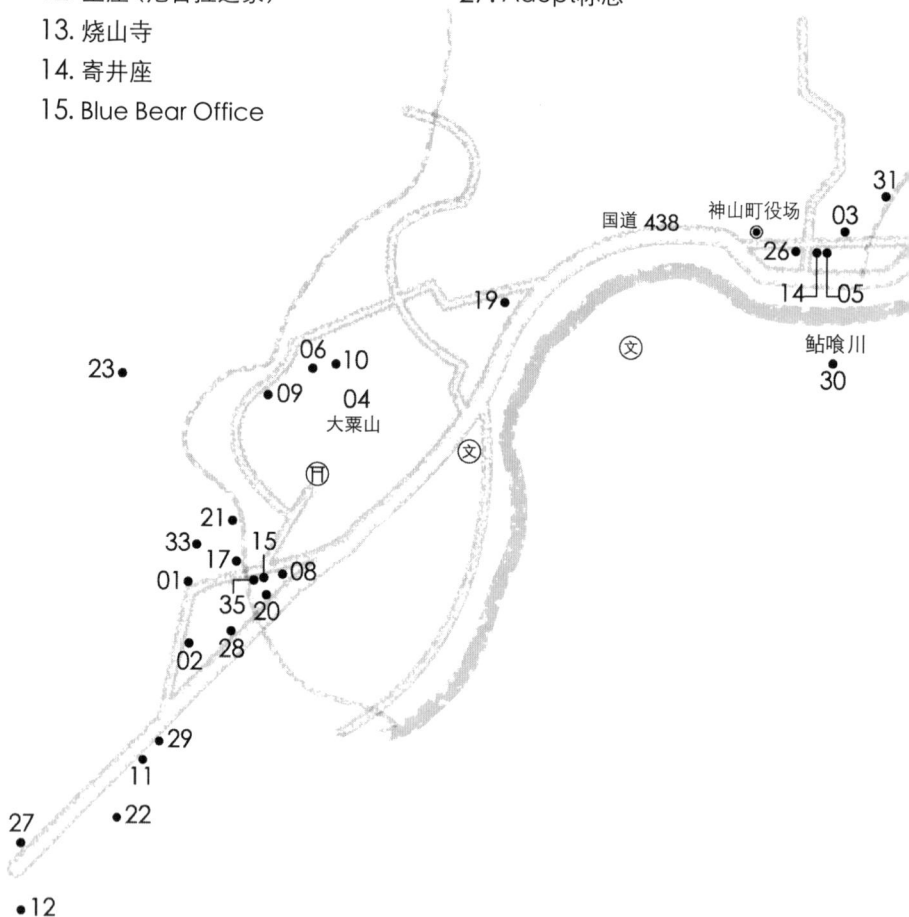

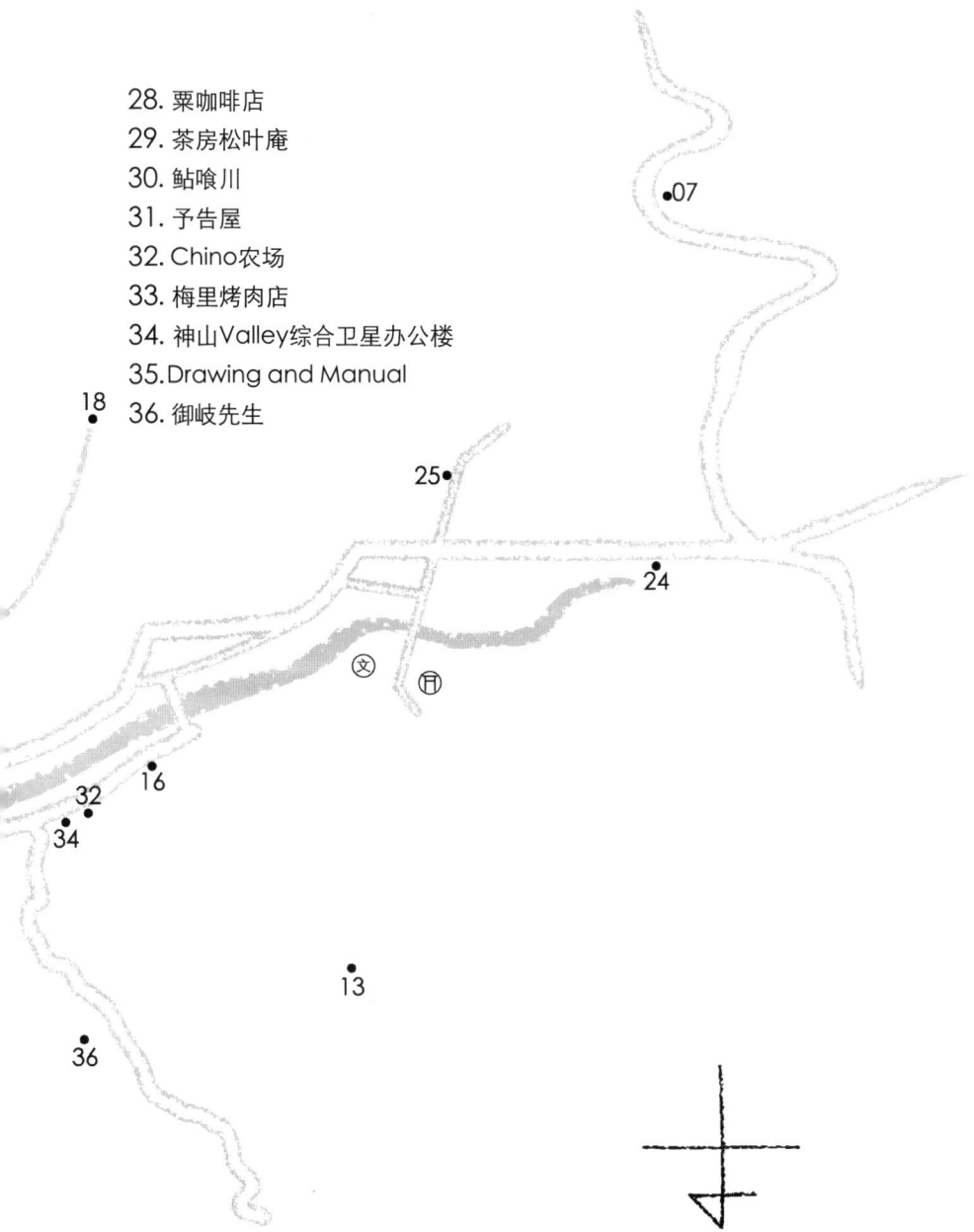

07

18

25

24

文

市

32
16

34

13

36

神山町

乐音乐日 23

Hidden Library

06 10 Coco齿科

09
Cotton Field

04
大粟山

神山温泉
21

梅里烤肉店 33

17 Kinetoscope

梅星茶屋 01

08 岩丸百货店
35 15 Blue Bear Office

Drawing
and Manual

20 路边驿站"温泉的里神山"

薪面包 02

28 粟咖啡店

29 茶房松叶庵

11

章鱼便

27

Adopt标志

22 Sansan神山实验室

12 空屋（尼古拉之家）

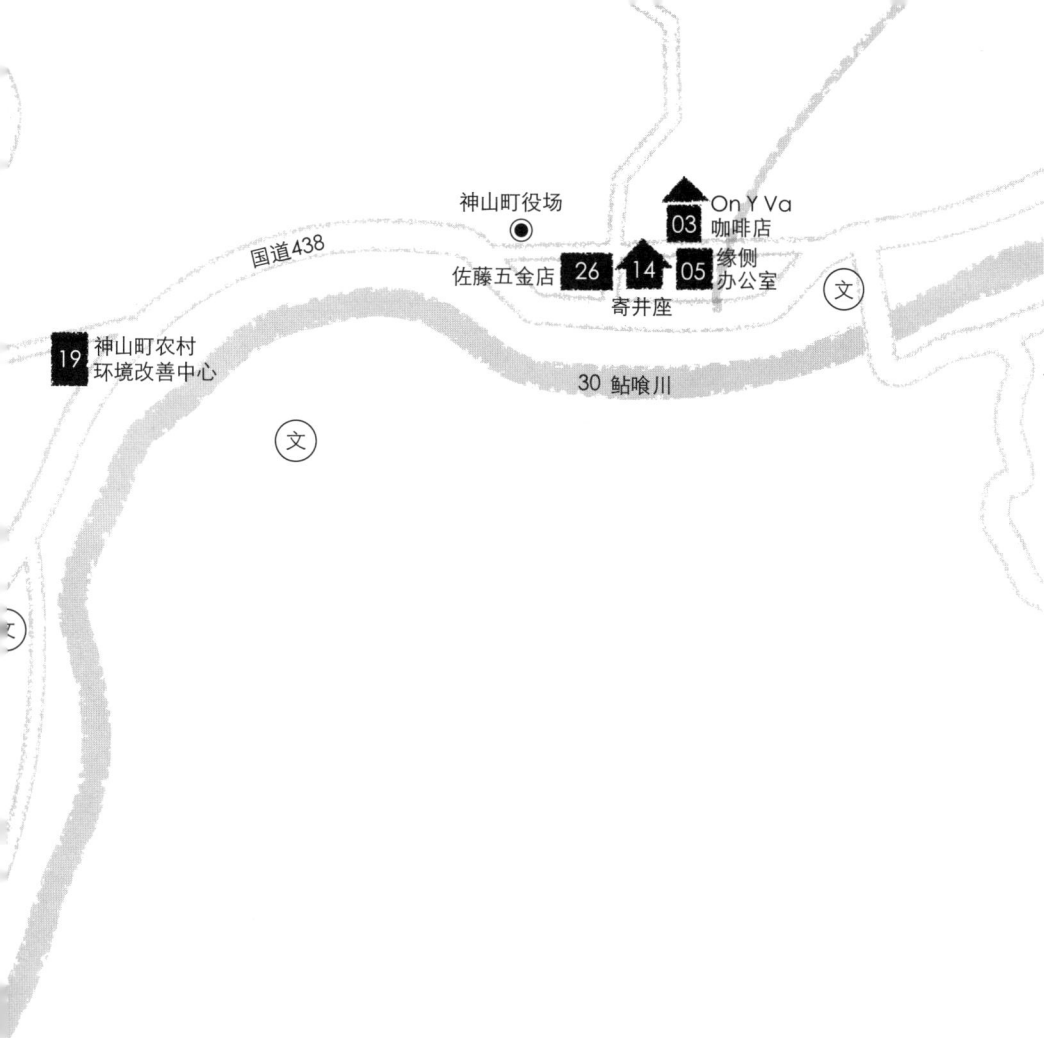

神山町役场

神山町役场 ◉

On Y Va
03 咖啡店

国道438

佐藤五金店 **26** **14** **05** 缘侧办公室

寄井座

文

19 神山町农村
环境改善中心

30 鲇喰川

文

神山东部

神山西部

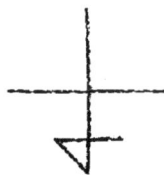

18 雨乞之泷

31 予告屋

神山町
役场
◉

佐藤
五金店

03 On Y Va咖啡店

26 **14** **05** 缘侧
办公室

寄井座

文

16 染昌

32 Chino农场

34 神山Valley综合卫星办公楼

30 鲇喰川

御岐先生 **36**

7
岳人之森

25
旧下分保育所

24
Nandemo屋

Ⓥ

卍
焼山寺
13

Chapter ▲1

新景点一个个诞生了
发展的乡村，神山的"步伐"

在神山，卫星办公室一个接一个地开设起来。

随着外来人口不断增加，新的地标也接连出现了。

如果《古事记》中要收录神山的店铺，

一定会有超高人气的章鱼烧店、咖啡店和法式小餐厅。

了解神山，就从了解神山的标志性场所开始吧。

01 梅星茶屋

意面、广岛烧、梅星

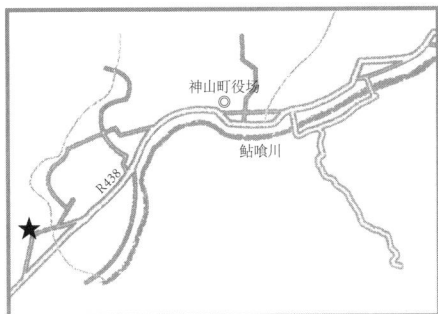

从神山町的地标神山温泉往下走，不远处的公交车站前有一间小饭馆。这家小馆店面约十三平方米，是一间不知何年建成的平房，看起来很有些年头，别具一番韵味。朝屋里望去，可以看见四张铁皮桌，收银台对面的小厨房只够一人容身。

这家小馆就是梅星茶屋。地方虽小，却因共有饭馆的创意广为人知。

每周二、三、六的午饭时间，这里是以意面为主打的意式餐厅"Eleven"；周四晚上是卖广岛烧的"Kabachiya"；周五白天则又变身为当地妇人大展厨艺的五百日元饭馆"梅星"，供应价廉物美的家常料理。梅星茶屋因独特的经营方式备受欢迎，还上了 NHK 人气美食节目 *Sarameshi*，店门口白板上的"今日菜单"也为其平添了几分特别。

　　梅星茶屋所在的小平房最初是停车场的收费亭，后来成了药店，再后来还相继变身为洋货店和烤肉店，可以说是神山历史的见证。小平房如今的主人是住在附近的粟饭原国子，她也是打理梅星的妇人之一。

　　粟饭原阿姨说："我儿子想当医生，这房子本来是买给他开医院的。但他现在住在市里，也用不上。想想房子空着也是空着，我就开起了饭馆。这附近不是有独居的老人吗，现在又有了神山塾之类的写字楼，年轻人也多了起来。我想，就算一星期里只有一天，也要让这些人吃上可口的家常菜。"

　　阿姨一口德岛腔，说起话来连珠炮似的，让人完全插不上嘴：

　　"店里还有卡拉OK呢。这本来是由梅里打理的，她搬到神山温泉旁边后就归我管了。吃饭五百块，唱卡拉OK也只要五百块，

一千块钱就可以从早玩到晚，是不是很好？老实说，从镇公所退休后，我也想去旅旅游，还有好多事情想做，但想想，反正一星期也就一天，开就开吧……"

把梅星改成共有饭馆，还与一个年轻人有关，他就是神山塾的第三届学员神先岳史。从神山塾结业后，神先留了下来。曾从事过餐饮业的他想在神山开设第一家意粉屋，但苦于没有店面，只得借用仅在周五营业的梅星茶屋。

实际上，粟饭原阿姨也是从神山塾毕业的。作为第一届毕业生，她还经常把房子借给绿谷办派对，或是提供给参加艺术家进驻项目的国外艺术家和神山塾的学员们。"不管怎样，这间店会一直开着，这期间能让我摸到些开店的门道就好了。租金？很便宜，根本就是不赚钱的。"阿姨笑着说。

　　二〇一三年一月，神先的餐厅Eleven开张了。接着，二〇一三年十月，神山塾的第四届毕业生，来自广岛的国本量平又在这儿开了广岛烧店Kabachiya。这两家店很快都成了神山町有名的店铺，获得了大家的喜爱。

　　随着时代变迁，梅星茶屋也一直在改变。相信梅星的未来也会一如既往，在不断的变化中紧跟神山町发展的步伐。

02 薪面包

深受居民喜爱的神山面包房

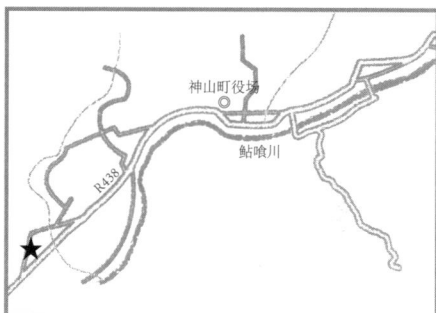

距梅星茶屋大约二百米，有间小小的面包房。三角形的铁皮屋顶依稀还能看出过去茅草屋顶的样子；玄关旁堆着许多柴火。一辆黄色的雷诺甘果汽车曾是这家面包屋的标志物件，现在则换成了日本国产的轻量汽车。薪面包——店如其名，这里的面包都是在砖炉里用柴火烘烤的。而移居神山町的热潮，就是由这家面包店掀起的。

软糯的圆顶面包、法国乡村面包、法式面包等都是这里的热卖品。在神山町之外的其他地区，也有很多喜欢他家面包的顾客，生意好的时候，上午十一点面包就能卖光。面包房每周四到周日营业四天，柴火用完了就休息。虽然进店脱鞋的规矩让人有点摸不着头脑，但这里依然是神山町生意最火暴的店铺之一。

上本光则和妻子直美以前生活在大阪，二〇一〇年三月，他们开了神山町唯一一家面包房。光则并非面包师出身，早先在大阪府和泉市的一家咖啡店打工时，他见到了用砖炉烤的面包，才开始学习做面包。同样是在这家咖啡店，他还邂逅了现在的妻子直美。

因为工作太辛苦导致手痛，不到一年，光则就辞去了店里的工作。抱着"去乡村悠闲生活"的想法，他在搜索关于移居的相关网站时发现了绿谷运营的"In 神山"项目。实地察看后，他发现神山离德岛市区不远，自然环境非常好。他们夫妻二人都非常向往乡村生活，于是，二〇〇八年十月，这一家三口搬到了神山，成为了绿谷工作进驻项目吸引到的第一人。

搬来神山后，光则自己动手修整了房屋，从鲇喰川捡来青石和水泥一起砌成砖炉，每天紧锣密鼓地做各种东西，连陈列架都亲力亲为。经过一年半的时间，光则的面包房终于开业了。

不过，悠哉游哉的节奏在面包房开业后便不复存在了。美味的

面包获得了一片赞誉，甚至提升了神山町在德岛县里的名气。可光则本人的心情却喜忧参半，很是复杂。他说：

"这有点超出我的承受范围了。我每天晚上八点睡觉，当天晚上十一点就得起来。剩下的时间都在拼命做面包、劈柴。下午整个人都晕乎乎的，可钱一点也没赚到，总觉得很不对劲。"

妻子直美也笑着插话说："对，对，因为最近我出去打工了，哈哈！我娘家也是做买卖的，我就带着孩子回了趟家。"

光则接着说："我们做的量很少，因为砖炉太小了。可要把炉子再扩大，我实在不想再受这份罪……"

直美说："我们想把做面包这件事融入到日常的生活里。要是提高价格，就很难卖出去了。他这个人，完全没考虑过成本什么的，一般面包房都会尽量买便宜的面粉，但我们从没这么打算过的。"

我问，要是放弃烧柴，改用机器做呢？

光则回答说："这样的话，在这里做面包就没有意义了啊。其实，（二〇一三年）九月的时候，店里发生过一次火灾。那天晚上九点钟，我们困得睡着了，谁都没发现炉子烧了起来，还好有路过的行人报了警。那次给周围的人添了这么大的麻烦，这让我想，反正现在居民也多了，还不如回去的好……"

但他又说："不过既然火被扑灭了，也就意味着还要继续干下去吧？住在这里的人可能也不想看到我们放弃。"

"是啊，大概还是会做下去吧。哎，累死了！哈哈！"直美也笑着说。

看来，即便是被当做成功典范的薪面包，也有着不为人知的辛劳。

03 On Y Va 咖啡店

诞生在边境的有机法式小餐厅

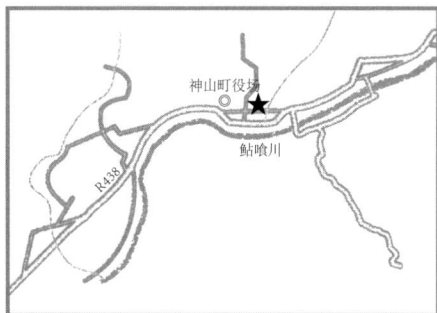

这家咖啡店兼法式小餐厅是二○一三年十二月开张的。这座规模宏大的土藏造①建筑原是酿酒场，屋子正中有一扇大双开门，门的两边是玻璃窗，透过玻璃可以看到主厨忙碌的身影。小店位于寄井商店街的西边，离寄井座非常近。

推开门，映入眼帘的是贴着五颜六色马赛克瓷砖的半圆形收银台，收银台的左边是厨房，右边是餐桌，靠墙是书架和柴炉。抬头可见气派的大梁、大吊灯和阁楼。店内以黑色为基调。虽然开业不久，但不论早晚都宾客盈门。

这家店以法式家常菜为主。收银台旁的小黑板上并排放着野猪肉酱、意大利凤尾虾酱、摩洛哥风味肉丸、腌制鸡胗的图片，此外

---

①日本传统的建筑样式，外墙上涂有灰泥。常被用作仓库。

还有套餐，晚餐套餐有汤或舒芙蕾、主菜、甜点，午餐套餐则有汤配面包的汤套餐、沙拉配面包的沙拉套餐以及包括前菜和主菜的 On Y Va 套餐等。

主厨长谷川浩代曾在法国南部的民宿等地学习，厨艺高超。之前虽然没有开过店，但在东京的不定期餐会上，她做的料理曾大获肯定。来这里之前，长谷川一直在进口有机红酒的公司工作，熟悉法国各地的有机食品生产商和红酒生产者，也熟知产地的土质，因此，有机红酒成了餐厅的另一大卖点。

长谷川说："我们的原料主要是神山当地的蔬菜野味和德岛县产的鱼。只要能让大家享受到食材本来的味道，我们就满足了。"单看菜品和红酒，完全不觉得这间餐厅是开在德岛这种偏远地方，倒像是开在东京的青山周边。

　　不仅当地居民，卫星办公室的人和来神山町考察的人也常到这里用餐。就在我来探访的当晚，还看到一位老奶奶独自来喝红酒。"On y va"在法语中的意思是"Let's go"。虽然开业时间不长，但On Y Va已经成了带动神山发展的强大动力。

04 大粟山

传统与艺术共生的山林

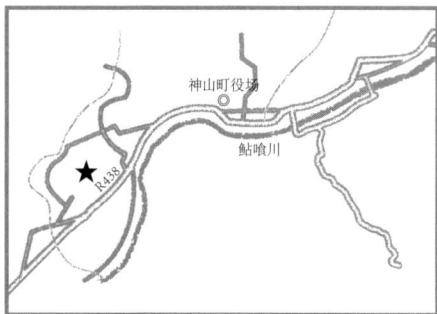

神山温泉背靠广阔的大粟山，这是神山人的母亲山。山上散布着不少艺术家进驻项目的作品供人参观，每件作品都很独特，让人印象深刻。其中很多是利用树、石头、叶子等就地取材，有些已经腐朽得看不出原貌了（有石碑可以确认其存在）。

大粟山曾经因草木过于茂盛而无法进入。直到二〇〇二年，一位英国艺术家在未得到山林所有者同意的情况下，擅自入山创作，留下了自己的作品。第二年，又有一位南非的艺术家这样做。后来的外来者得到了所有者的进山允许，大粟山的创作才得以完全认可。在绿谷的主导下，又经过间伐、除草、修建游览步道等一系列努力，大粟山焕然一新，成了管理设施完善的怡人山野。同时，在当地的神山樱花会、狮子会等机构的带领下，大粟山上遍植树木，樱花盛开时美不胜收。

坐落于半山腰的上一宫大粟山神社，主祭大宜都比卖命。关于大粟山名字的由来，有的说是因为大宜都比卖命是谷物之神、特别是粟之神，也有的说是取自德岛的古国名"阿波"①。据《古事记》记载，大宜都比卖命被遭天界流放的须佐之男命杀害后，身体中就长出了稻穗、粟、红豆、麦子、大豆。

————
①与"粟"的日语发音同音。

05 缘侧①办公室

夜夜欢宴

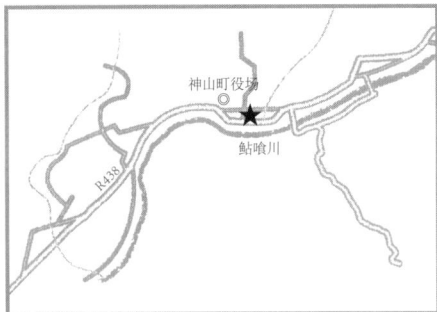

　　每个来神山参观的人，都必定会到这个旧民居里的办公室。办公室在 On Y Va 咖啡店的斜对面，隔壁就是寄井座。这座房子从二〇〇五年起就一直空着，直到二〇一二年十二月被经营元数据业务的 Plat-Ease 买下，才被改造成办公室。在缘侧办公室里，除了 Plat-Ease，还有从事新一代影像标准、超高清电视（4K／8K）文档存储服务器工作的缘侧。

　　办公室独特的外观让参观者们惊奇不已：墙面全部是玻璃材质，从外面可以看到里面员工的一举一动；房子外围有宽阔的走廊，办公室的员工或者当地居民常在这里休闲放松。这块地还有座旧仓库改建的"仓库办公室"。到二〇一四年七月，用来放置服务器的服务

_____

①传统日式建筑中延伸出房子的走廊。

器楼也会造好。

本地员工所占的比例也让参观者们惊讶。二〇一三年七月以来，Plat-Ease 和缘侧总共录用了二十人（到二〇一四年一月为止，Plat-Ease 录用五人，缘侧录用十五人），其中有十七个德岛县人、六个神山町本地人。超高清电视是今后快速发展的领域，在人口萧条的小镇上，一下子吸收六人就业是非常罕见难得的。

如今，这里成了神山的典范。

停在办公室门前载着参观者的面包车已成为大家习以为常的事物。夜夜举办的欢宴上，卫星办公室的员工和当地居民、参观者们欢聚一堂。彼时，寄井座已经安静下来，但缘侧办公室则和 On Y Va 咖啡店一起，为商店街点亮了新的灯火。

06 Hidden Library

收藏影响人生的书

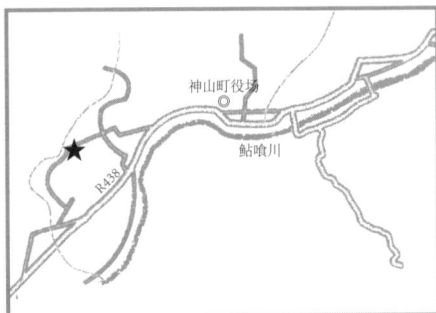

大粟山的半山腰有座图书馆，这是二〇一二年二月由旅居印度的艺术家出月秀明为艺术家进驻项目完成的作品。

这座图书馆与普通图书馆有些不同。一般的图书馆是向读者借书，这里却是为读者把书保存起来。存书服务只向有神山町住民票[①]的人开放，而且只有对他们的毕业、结婚、离职这三个重要的人生节点产生过影响的书才能存放进来。图书馆会配给读者钥匙，后来的读者要获得馆内读者的许可才能进入。屋子里有暖炉和沙发，让人随心所欲地放松。

为什么会设计这样一座图书馆呢？出月说："这座图书馆就像是小镇本身。人们让图书馆发挥什么作用，就反映出小镇是什么模样。"

---

①日本市町村和特别区制作的有关居民户籍信息的记录。

　　图书馆反映出的是小镇和居民之间的关系。存放在馆内的是什么书？是教科书、小说、漫画，还是什么都没有？是谁放进去的？从这些方面可以窥见每个人的个性和思考。图书馆是个集合体，寄存在馆内的书也必然体现整个小镇的个性和思考方式，而这正是设计者灌注到图书馆之中的理念。出月还说，图书馆的另一层意思是"与自我面对面的地方"。阅读是一种孤独的行为，也是与自我对话的好机会。更何况存放在里面的书都对读者有过重要影响。给大门配上钥匙、把地点选在山里，都是为了让人远离日常生活，深入地与自我对话。

　　出月说："镇上的人都对图书馆会变成什么样子很感兴趣。"隐匿在大粟山里的图书馆本身就是一件艺术品，它在山中有着无可取代的存在感，让人津津乐道（参观请联系绿谷）。

07 岳人之森

杜鹃花盛放的空中植物园

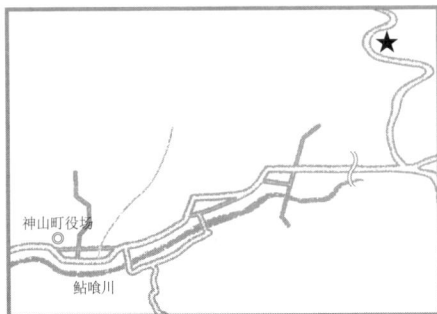

在远离人烟、海拔一千米的高山上，有一座民间植物园——岳人之森。园里的植物以一千五百株杜鹃花为主，还有细梗鸢尾、莲花开麻、山东银莲花等四百多种稀有高山植物。五月，杜鹃花盛放，整个山坡都被染成了浅粉色。园里还有露营地、旅店和一家经营创意料理的观月茶屋。

一千五百株杜鹃花十分壮观，岳人之森创办人山田勋的生活方式更让人惊叹。

二十世纪七十年代，当地林业兴盛，人们拼命种植杉树和日本扁柏，导致珍贵的高山植物不断消失。岳人之森所在的土须峠原本生长着大片杜鹃花，也一天天被杉树和日本扁柏侵占了地盘。山田意识到，再这样下去，大山会变成另一副模样。一九七二年，二十三岁的山田在危机感的推动下，开始以一己之力重整山林，种

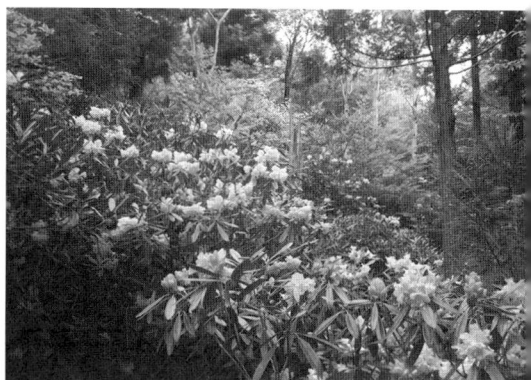

植杜鹃花。

　　神山町地处深山，没人能理解山田的行为——这么偏僻的地方又不会有人来。但山田不理会周遭的议论，只默默地打理着山林，种植杜鹃花。他把从露营地和经济林赚来的钱全部投入到这项事业中，从种植杜鹃花逐步扩大到种植四国当地日渐稀少的高山植物，一干就是四十二年。如今，土须峠已经成为了全日本少有的山地植物园。在神山广受关注的，除了绿谷，还有不少土生土长的当地人才，山田就是其中的代表。他说："我从来没想过放弃，因为我觉得，保护家乡的自然景观是我的使命。"二〇〇九年，在京都学习料理的儿子山田充回到故乡，继承父亲的事业，当起了观月茶屋的厨师。岳人之森是一个用"执著"开辟出的桃花源，非常值得前去探访一番。

08 岩丸百货店

当地人和移居者的纽带

　　这家位于上角商店街的百货店是由绿谷核心成员岩丸洁经营的。百货店创立一百二十多年了，原本是当地唯一的和服店。鼎盛时期，店里顾客盈门，要雇人帮忙才能应付得来。可是随着神山町老龄化不断加剧，往日的熙攘热闹一去不复返。岩丸是百货店的第四代接班人，他和绿谷的大南信也、佐藤英雄同是神领小学家长教师联合会（Parent-Teacher Association，简称 PTA）成员。

　　百货店为神山塾女学员提供寄宿。岩丸很会照顾人，用第二届学员樋泉聪子的话来说："我们就是他的女儿。"在神山塾的学员看来，岩丸是父亲一样的存在。在这里，几乎每晚都有聚会，百货店俨然成了联结神山塾学员、移居者和当地居民的重要纽带。绿谷和神山町自由开放的氛围，在这里得到了最好体现。

09 Cotton Field

手工打造的露营地

Cotton Field 是建在大粟山山麓的露营地，除了汽车露营地，还有别墅、木屋、带围炉的简易小屋等十五栋住所。在营地里，人们既能饱览山川之美，又能享受温泉之乐。夏季，很多人慕名前来，营地生意非常火暴。这里一九九三年开业，主人森昌槻全凭一己之力一点点地建设和完善着营地的建筑。直到现在，他还在慢悠悠地盖着房子。

森是绿谷的创始人之一，担任过 KAIR 执行委员会第一任会长。Cotton Field 也常举办艺术家欢迎会等与绿谷相关的活动。森擅长 DIY，所以有时也会为艺术家的创作提供场地支持、材料采购等帮助。

10 Coco 齿科

永远满约的牙科诊所

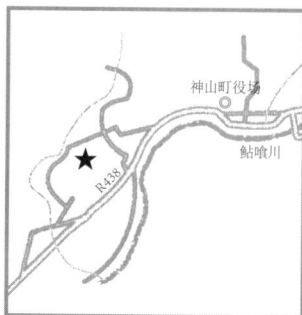

Coco 齿科是位于大粟山山腰上的一家牙科诊所。汽车几乎开到山路尽头，我们终于看见了前方的诊所。明明交通这么不便，诊所却永远是满约的。二〇〇二年，手岛恭子（Coco）搬来神山，她白手起家，既是合伙人，又是经理，终于在二〇一三年四月开办了这家牙科诊所。Coco 笑着说："我们真的是太忙了，虽然总以为接下来可以轻松一点……"

尽管去 Coco 齿科的路途非常不便，但诊所建在朝南的平地上，阳光充沛，还能登高望远，是块好地方。候诊室布置得像客厅一样，完全没有一般牙科诊所常给人的压迫感。Coco 说："我们希望能接些地气，人们在这里喝喝茶，聊聊天，顺便把病治了。"这大概也是患者们选择这里的原因吧。

11 章鱼便

猪骨汤味道的章鱼烧

章鱼便是神山町一家没有固定摊位的章鱼烧。每逢周末，摊主会固定在松叶庵前的国道旁摆摊，平时则神出鬼没，在哪里摆摊全看店主心情。他家的章鱼烧不用普通调味汁，而是加入了猪骨汤，口感柔嫩香滑；不加任何酱料的章鱼白烧也很受欢迎。

二〇〇〇年，摊主曾在德岛开过一家德岛拉面店，但开业不久就遭遇了疯牛病，食材价格飞涨，最终不得不关门停业，还欠下了近一千万日元的债务。怎么办呢？偶然间，摊主从轻型车和做章鱼烧的工具中得到了灵感，这家流动的章鱼烧小摊就此诞生了。用猪骨汤做调味汁，则寄托了摊主对拉面店的怀恋。

他说："调味汁用的是猪骨汤，这让大阪来的客人都很惊讶。债务？当然已经靠章鱼烧还清了！"如果有机会来神山，一定要找到这家店一尝美味。还有，摊主可是全国钓鲇鱼大赛第二名的高手哦。

12 空屋

神山生活从每月三万日元开始

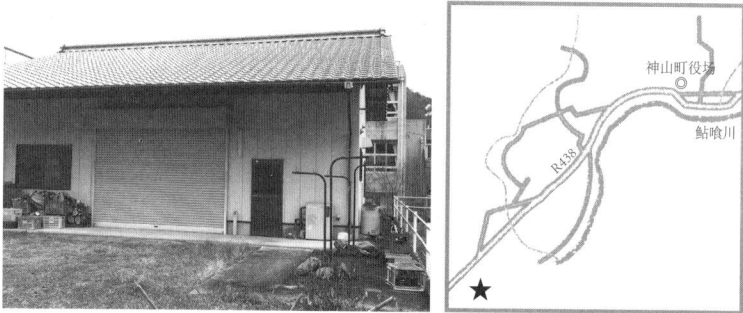

所谓空屋，就是神山町无人居住的旧民居。直到今天，这里仍有很多人拒绝把自己的空屋出租或者转卖，就一直让它们闲置着。不过，由于有了深受当地人信赖的绿谷的参与，越来越多的房主开始愿意把空屋提供出来了。其中，很多铁皮屋顶的房子都还留着过去茅草屋顶的印记。

在这里，我想介绍一下为移居者提供短期入住体验的"尼古拉（Nicolai）之家"。虽然移居者可以通过绿谷认识房东，但最近由于绿谷的服务开始供不应求，要寻觅到中意的旧民居得花费不少时间，尼古拉之家的短期入住刚好帮忙解决了这一问题。房子根据面积大小租金不等，但大多数都在每月三万日元左右。尼古拉之家其实是绿谷事务局长尼古拉自己的房子。由于国道改造，这栋房子前多出了块空地，他就在空地上又建了新房子，既可作仓库又能当住宅。

13 烧山寺

让参拜者落泪的山中名刹

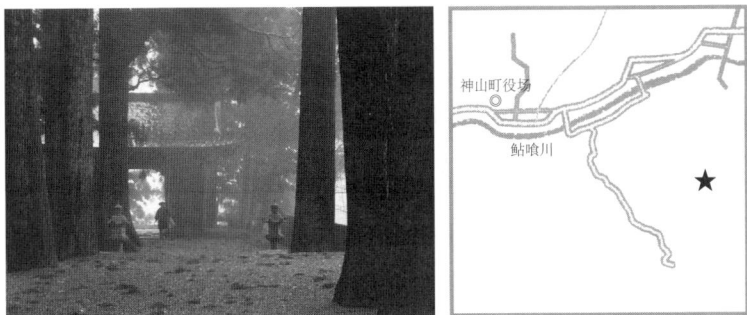

烧山寺是位于高野山的真言宗寺院，为四国八十八所①中的第二十个札所②，本尊神为虚空藏菩萨。从第二十一个札所藤井寺到烧山寺的参拜道路因高低起伏而被称为"烧山寺越"，是按札所顺序一路参拜而来的第一道难关。烧山寺还是四国灵场中第二高的札所，在此可以看到绵绵不绝的剑山、白发山，风景绝美。

开往烧山寺的公交车站就在寄井座旁。在神山町，时常能看到途中的参拜者。有和歌咏道："思后世，恭敬烧山寺，虽出死，犹三途之难所。"

---

①位于德岛县、高知县、爱媛县、香川县的八十八处与弘法大师有渊源的寺院，简称"八十八所"，或"四国灵场"。
②收纳和发放给参拜者护身符的名刹。

14 寄井座

神山的文化中心

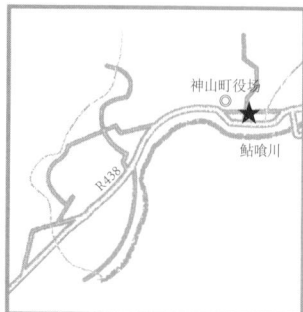

寄井座曾是神山町唯一一家剧场，于昭和四年（一九二九年）由在寄井经营医院的佐佐木家创办。作为以林业为支柱的神领村的文化中心，寄井座常年上演着舞台剧、电影和各类曲艺杂技，一度非常繁荣。但随着林业的衰退，寄井座也日渐式微，最终在昭和五十三年（一九六〇年）停业。之后，这里被用作缝纫厂，再后来工厂也停工了，寄井座便不再被人提起。二〇〇七年，佐佐木家把场地租借给了绿谷，经过一番整修，寄井座已经恢复了最初的样子，重拾昔日的面貌。

二〇〇七年，历时近半个世纪后，寄井座终于再次举办了电影放映会。如今，这里也常被用来展览艺术作品和举办派对。寄井座位于神山町政府所在的神领地区，就在缘侧办公室隔壁。绘在天花板上的广告牌也是寄井座的特色之一。

15 Blue Bear Office

空屋再利用的代表

Blue Bear Office 位于岩丸百货店和梅星茶屋之间，是设计师汤姆·文森特利用旧民居改造而成的工作室，主要负责大企业的品牌建设、宣传网页制作等设计。工作室本身的设计改造则交给了由坂东幸辅和须磨一清率领的 Bus 建筑设计团队。这栋建筑的一楼是土间①，二楼的一半改造为中庭，被设计师重新利用的还有一所废弃小学的旧门窗。整栋建筑的墙面全部被划成格子是其一大特色。

房屋改造完成后，影像制作人长冈参曾居住过一段时间，现在则成了代理非营利组织法人事务的 Sonorite 株式会社的卫星办公室。这里是绿谷进行的空屋再利用项目的典型代表。但因为这栋建筑没有使用混凝土，还装了很多玻璃窗，所以冬天时屋里特别冷。

---

①日式建筑中没有铺设地板或草席的泥地房间，多用于放鞋或设置灶台。

16 染昌

青年靛蓝染色师的印染工坊

　　染昌是靛蓝染色师泷本昌平的印染工坊。大学毕业时，泷本在京都做音乐，身为长子的他后来回到了家乡德岛。回乡后他一直烦恼以何为生，直到决心成为德岛传统工艺——靛蓝染色的职业手艺人。于是他重新回到京都，在染坊里当了三年学徒。二〇一〇年，泷本搬到神山町开了一家印染工坊，做些靛蓝染色、草木染色的衣物和小饰品。他也是神山塾的第一届学员。

　　把工坊开在神山，是因为这里的水好。泷本儿时常和祖父来神山游玩，至今保留着那段美好记忆。刚来神山时，因为找不到合适的店面，泷本夫妇就住在町营公寓，在市区的家建了简易工坊，每天来回。后来泷本偶然认识了现在的房东，才搬到了如今的旧民房。泷本说："我想在神山做染制品，觉得神山塾很适合我。虽然染坊现在还没什么好看的，但我想总有一天它会值得一看。"

17 Kinetoscope

创新即内涵

　　这里是来自大阪的网页设计公司 Kinetoscope 的卫星办公室，这间公司是由在业界很活跃的影像制作人广濑圭治于二〇〇五年创办的风险企业。他的公司在客户眼中极富创造力，非常看重"为了谁""为了什么"等方面。理所当然的事就用理所当然的方法处理，在内涵中发挥创造性——这就是 Kineto 风格。

　　神山的这间办公室设立于二〇一三年五月，办公室有两位工作人员，一位是神山塾的第四届学员吉泽公辅，另一位是江崎智奈美——同样在神山设立卫星办公室的 Sonorite 株式会社江崎礼子的长女。广濑年轻时是夜店的 VJ，很有号召力，在讲述神山今后的故事时，他是不可缺少的人物。

18 雨乞之泷

日本百大瀑布之一

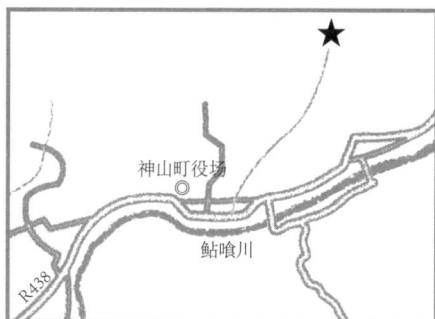

　　雨乞之泷被评选为日本百大瀑布之一。这是一条"夫妻瀑"，右边是落差四十五米、分三段下落的雌瀑，左边是直线下落、落差二十七米的雄瀑。从停车场到瀑布大约七百米，走路要二十分钟。一路上，莺泷、不动泷、地狱渊、红叶泷、观音泷相继映入眼帘，在新绿遍野和红叶灼灼的时节尤为动人。到达后再向前走三十分钟，还可以见到因女王卑弥呼的传说而闻名的悲愿寺。

19 神山町农村环境改善中心

最理想的工作场所

　　这里是绿谷的大本营，KAIR 选拔委员会之类的重要活动也基本在此举办。这里也是神山塾的中心，时常可以见到学员们的身影。东京农工大学大学院的校友山口良文开办的"农下村塾"也在这里。中心提供免费 Wi-Fi，所以也是外来人最理想的工作场所。

20 路边驿站"温泉的里神山"

外国艺术家的心头好

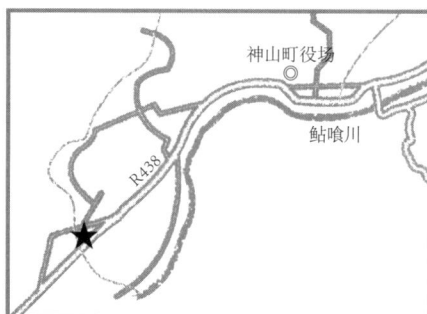

　　"温泉的里神山"是438号国道沿线离神山温泉很近的一个驿站。店里出售许多当地特产，其中用酸橘、豆奶、紫苏、大麦粉等时令食材做成的冰激凌很受欢迎，而用产自神山当地的酸橘、梅子、茶做成的"神山完全调味酱"也有颇高人气。艺术家进驻项目开展期间，很多外国人都会来这里买东西。

21 神山温泉

重识温泉名胜

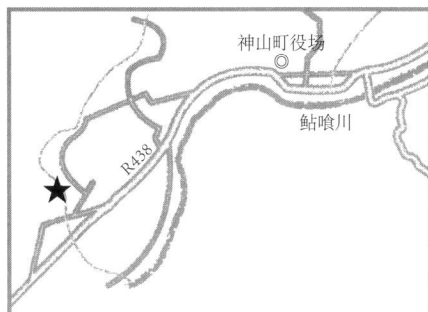

　　神山温泉的前身是开业于庆应四年（一八六八年）的一间澡堂。当时的客人主要是附近铜矿山上的矿工，生意一度很好。但随着矿山的衰落，澡堂在明治八年（一八七五年）停业了。之后虽然一度重新开业，但受战争影响只能再次停业。昭和四十七年（一九七二年），这里在改名为"神山温泉保养中心"后三度开业了。神山温泉属氯化纳、碳酸氢盐水质，泉温十六度，保湿效果明显。

22 Sansan 神山实验室

远程工作的实验室

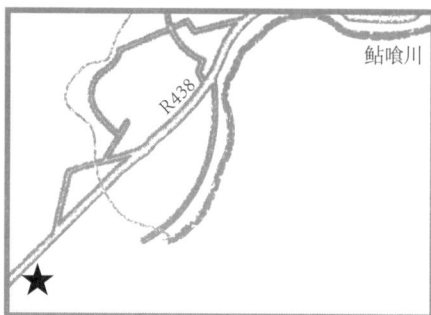

神山实验室是企业名片管理公司 Sansan 在二〇一〇年十月开设的卫星办公室。当时，社长寺田亲弘正在摸索新的工作方式，了解了神山町的情况后，他就决定在这里设立卫星办公室。最近，不只是开发团队，连公司营业部的负责人也来这里尝试远程工作了。神山实验室也是第一个在神山设立的卫星办公室。

23 乐音乐日

自给自足的桃花源

　　沿神山温泉旁的小道向里走大约十五分钟，能看到一栋孤零零的上下两层的旧民居，这就是乐音乐日。屋前是梯田，稍远是五右卫门澡堂，澡堂用水直接引自水源地。

　　房主宫城一家过着自给自足的生活。他们为来体验生活的人提供住宿，也参与策划艺术家们的活动，每天都过着属于自己的快乐生活。宫城家也是被誉为"神山歌姬"的创作型歌手宫城爱的老家。

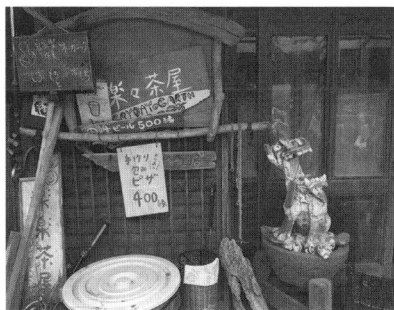

24 Nandemo 屋

神山生活不可缺少的食品店

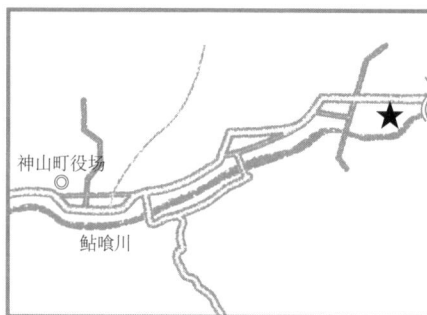

Nandemo 屋是一家开在下分地区的食品店，绿谷的理事长大南信也的长姐——松浦广美就嫁到了这里。松浦在这一带人气很旺，除销售水产、蔬菜、干货、罐头、日用品等各种货物，她会和移居者们聊天，为他们排忧解难，还会帮他们介绍旧民居的房东。Nandemo 屋是联结神山町和移居者的纽带。

25 旧下分保育所

把托儿所变成培训教室

这家下分地区的托儿所，现在成了画室，用作艺术家进驻项目的工作室。这里收藏了许多艺术家留下的画作和物品，它对面的教工宿舍也改造成了艺术家们的住所。

26 佐藤五金店

旧民居改造的强大伙伴

这是绿谷的创始人之一佐藤英雄经营的五金店，店里各类水管配件和佐藤自己打造的零配件都是改造旧民房不可缺少的。另外，因为几乎要给小镇上所有人家送液化气，所以佐藤对神山町的一切事情都了如指掌，是神山町的一大"消息通"。他还是神山町商工会的会长。

27 Adopt 标志

地方自治团体高效的证明

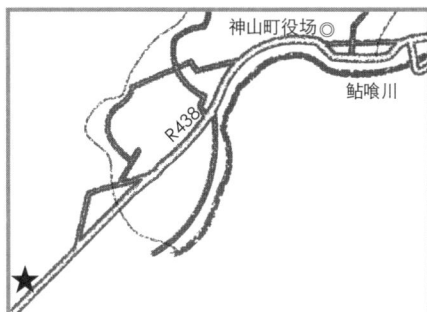

  沿着神山町国道，每两公里就能看到一个立着的标志牌。神山町引入了卫生包干项目，将道路分区，由民间团体或企业等机构分别承包清理保洁。标志牌上写有承包本区的团体或企业名称。Adopt的本意是"领养"，这里是指把各自承包的区域看作自己的孩子，倾注感情去照料。

28 粟咖啡店

梅干和咖喱是必选品

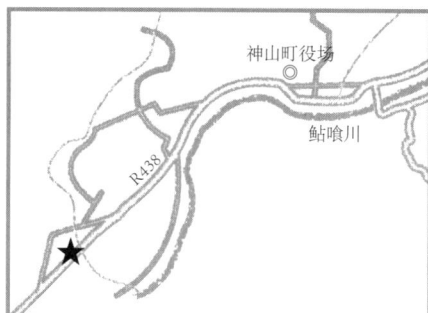

自出光兴产退休后，中山龙二在神山附近的国道边开了这家咖啡店，咖啡店的房东是 Cotton Field 的森。店里最受欢迎的菜品是"水生菰肉末咖喱"。中山还对神山特产的梅子进行了开发加工，除了招牌梅干外，还开发出了梅子味的调味酱、果酱等，在路边驿站就能买到。

29 茶房松叶庵

咖啡和正宗日料非同寻常的搭配

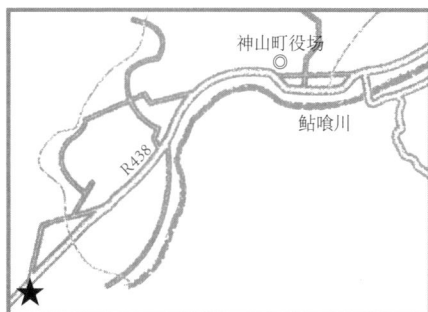

　　松叶庵是家咖啡店，开在神山温泉和路边驿站附近。店主松村美津代亲手做的烘焙咖啡是店里的招牌。在这里，还能买到店主喜爱的咖啡豆。店主的儿子曾在米其林三星餐厅学习，回来后，负责店里每日一款的套餐，非常值得一尝。店里的另一间屋子是日本料理店"麟角"，顾客需要预约，才能吃到正宗的高级日料。

30 鲇喰川

有"阿波青石"的河流

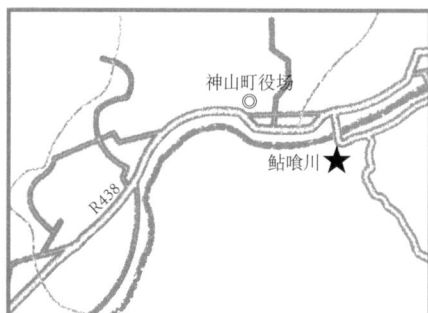

　　鲇喰川横贯神山町东西，是吉野川水系的一级支流，它发源于美马市与神山町交界处的川井峠一带，绵延四十九公里。在流经神山的河滩上还可以采集到闻名世界的"阿波青石"。由日裔美国雕刻家野口勇设计的巴黎联合国教科文组织总部庭院，用的就是这里的石头。可能因为山体变小，近年来，鲇喰川的水流量明显减少了。

31 予告屋

电影预告片的剪辑就交给它吧

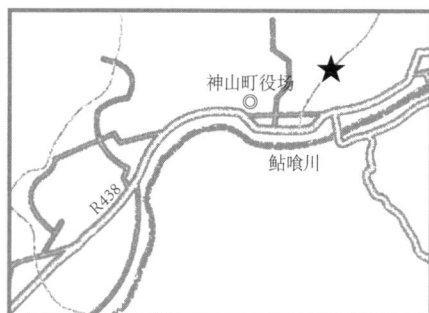

　　予告屋是一间从事电影预告片和广告剪辑制作的工作室。它的负责人广濑浩二曾在池之边事务所（现为 Baca the Bacca）学习，后来自己独立开设了这家工作室。他一直在东京工作，因为向往田园生活和圆木小屋，才移居到了神山。虽然神山汇集了很多影视媒体相关的企业，但广濑说："来这里完全是个偶然。"

32 Chino 农场

辞掉工作，晴耕雨读

　　二〇一〇年，加藤夫妇搬来神山，经营起了农场"Chino"。虽然在东京时，夫妻二人只管理过家里的菜园子，但现在，他们开始尝试有机栽培，用农场里矮脚鸡的粪便和落叶、米糠等天然肥料，来培育不用农药的有机蔬果。他们还把仓库改为直营店，和网站一起出售农场里收获的蔬果。

33 梅里烤肉店

性价比超高的烤肉店

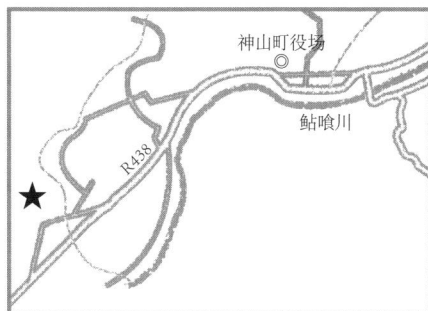

梅里烤肉店就开在神山温泉旁边。本来它的店面在梅星茶屋，因为那里地方太小，才搬到了现在这里。梅里的性价比超高，烤肉套餐和韩式石锅拌饭是店里的招牌菜。这是当地很重要的一家店，因为尽管神山天黑得早，这里依然会营业到很晚。

34 神山 Valley 综合卫星办公楼

月租七千五百日元的合租屋

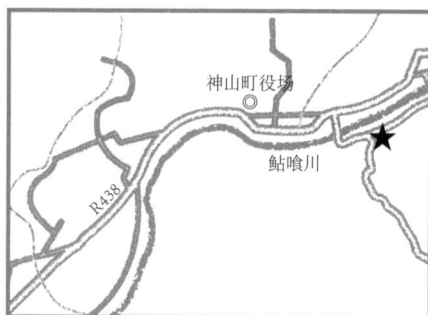

神山 Valley 是由一个倒闭的缝纫工厂改造而成的复合式办公空间。如今的一部分被总部在东京的 Dunksoft 公司用作卫星办公室。房租为每人每月七千五百日元（会员价）。

35 Drawing and Manual

他们还做了大河剧的片头

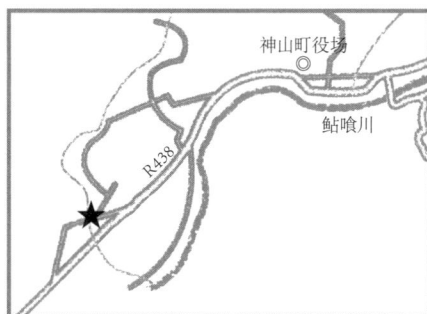

　　Drawing and Manual 是影像制作人兼摄影师菱川势一创办的设计公司。正如其名，"画图工作"，公司不仅利用鼠标在电脑上进行设计，还十分重视使用剪刀、铅笔等传统手工技艺。影像制作是这间公司的强项，NHK 大河剧《八重樱》的片头就是他们的作品。

36 御岐先生

全日本罕见的圆石信仰

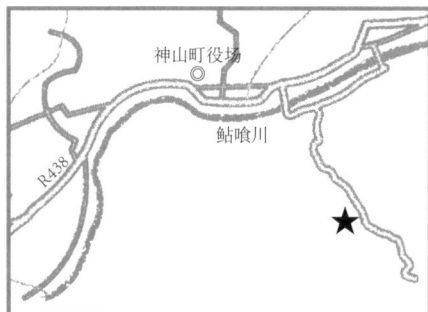

御岐为道祖神①的一种，是用石头搭建的祠堂里供奉着的圆形石头，在神山町各地都能见到。这种圆石是生产和孩童的守护神，守护着每一个家庭。

①日本村庄的守护神，一般立在路旁或岔道口，为圆石雕成的男女合体形象。御岐是一种很罕见的道祖神。

Chapter 2

每个人的新开始

为什么有创意的人都来到了这里

自然环境优美的地方很多，

IT 基础设施完善的地方也有很多。

那么，他们为什么选择了神山？

有挑战，也有冲突，有懊恼，也有希望。

每个人的新开始——为迷惘的人生点亮一盏灯。

增加就业才是地区的希望
聚集到缘侧办公室的，每一个人的明天

On Y Va 咖啡店的斜对面有栋玻璃外墙的奇怪旧民房，房屋整体都是黑色的，四周有宽阔的走廊。从外面可以看清里面员工的一举一动，连伸手拿咖啡杯的动作都看得一清二楚。办公区域内几乎没有遮挡隔离，和隔壁的寄井座之间也通行无阻。

当然，开放的不只是建筑物本身。走廊上，经常可以看到附近老人的身影，还有办公室的参观者们进进出出。但不知从什么时候开始，员工们已经完全不会在意周围的情况，一心埋头工作。

隔田苦笑着说："在这里办聚会，有时不知道为什么就会多一位老奶奶，真像是座敷童子[①]，哈哈。所以人们经常会问：'您是哪位？'"这里几乎一切都是开放的，无从躲避外面的视线。

这就是缘侧办公室，是从事元数据应用与接收的 Plat-Ease 的卫星办公室。

所谓元数据，在这里主要指用来记录电视节目的详细信息，除

①日本岩手县一带民间传说中的妖怪，常为幼童形象出现，很调皮，时隐时现。

旧民居改造的办公室四周有走廊。

了演职人员、内容简介等基本信息外，还包括与此相关的详细技术参数、版权信息、销售情况等。最近，网络视频节目发展迅速，培养起了庞大的观众群。Plat-Ease 主要负责把这些元数据提供给全国各大有线电视台、CS 广播电视台等。

公司的创办人就是刚才提到的隈田徹，他今年五十二岁，二〇〇一年创办了 Plat-Ease，二〇一三年七月又设立了卫星办公室"神山中心"（通称为缘侧办公室）。之后，他又成立了从事新一代影像标准、超高清电视（4K／8K）文档存储服务的缘侧公司。现在，两家公司的员工都在这间办公室里工作。

来自神山的创业者

隈田的到来，给神山带来了各种新变化，最显著的一点的就是增加了就业。

在第三十三页中提到，二〇一三年七月以来，Plat-Ease 和缘侧两家公司共录用了二十名职员，其中十七个德岛县人，六个神山本地人。和所有地方的人一样，大家都期盼着年轻一代能回到家乡。从这个意义上讲，缘侧办公室成了当地的希望。

作为创业者，隈田的行动力也感染了神山。

如今，隈田又在神山建造以"成年人的合宿①场所"为理念的旅馆。

①日本的学生或职员一定时间内在同一个宿舍里生活，进行共同的练习、训练等。

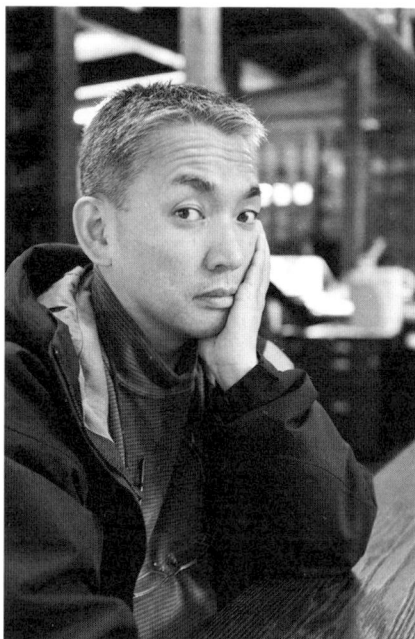

创立 Plat-Ease 的隅田。

这不是参拜途中的歇脚地，也不是温泉旅馆，而是能让人畅所欲言的大开间商务式旅馆。

隅田介绍道："我把二楼隔成了大开间，Plat-Ease 和其他相熟企业的员工常来合宿，效果出奇地好。大家一起吃饭、喝酒、与当地人交流，同时把工作也完成了。尤其是策划类的工作，特别有效，这让百分之八十的参与者都在工作中有良好的表现。最重要的是，每个人都获得了极大的满足感。"

隅田确信，合宿是种很有效的工作方式。于是马上制定了业务计划，开始和当地的业主进行沟通。

"偶然积累了一些人脉，我自己也比较看好这个想法，只要是对神山町和大家有好处，我就稍稍做下计划。"隅田说得轻描淡写，但从萌生想法到着手行动的速度之快，绝不是神山町一贯的风格。

接下来要说说场地的功能了。

几乎每个晚上，缘侧办公室都会有聚会。参加者有卫星办公室的员工，有绿谷的伙伴，有时还有特地来神山参观的人。正是隅田开放的观念和自身的人格魅力，把之前并无交集的人聚集到了一起。

从前，联结卫星办公室人员和神山塾学员的功能几乎完全由岩丸百货店承担。而今，缘侧办公室和 On Y Va 咖啡店也分担着同样的功能。如果没有外界影响，人们往往会习惯于一个特定的圈子，因此，将不同圈子的人聚在一起有着很大意义。

隅田完全投身到了神山。

他退掉了租在横滨的房子，在神山町的一个村子里安了家。身为 Plat-Ease 的董事，隅田每月得去一次东京，但生活的重心已经完全转移到了神山。村子的集会他也一次不落，发挥着作为年轻成员的重要作用。隅田说：

"可能有人会觉得麻烦，认为这是个苦差事，我却单纯觉得在这里生活很快乐。很多不能不参加的集会几乎都是以前没有体验过的，整个人都得到了满足。"

如今，隅田已经成为了神山这片人才辈出之地不可缺少的人物。

那么，为什么他会选择在神山设立卫星办公室呢？且让我们把时针拨回到日本"3·11"大地震的时候吧。

神山的节奏刚刚好

日本"3·11"大地震让一个问题凸显出来——如何在灾难发生时继续开展业务？受大地震影响，零部件制造商无法开工，导致丰田这样的整车生产商也被迫停产。正是因为过于依赖供应链，一旦其中一环出了状况，即便自己的工厂没有问题，也一样无法生产。

为了防止类似问题的发生，很多企业开始向交易方寻求业务连续性计划（Business Continuity Plan，简称 BCP）。如何在灾害发生时保持业务运转，在业务被迫中止时需要花费多少时间恢复，应对这些状况都必须有战略性的准备。

Plat-Ease 和大型广播电视台有合作关系，因此也急需自己的BCP。具体来说，就是把业务分散到各地，保证在东京办公室受灾时，业务也能继续开展。为此，隅田制定了计划，开始在全日本寻找合适的远程办公场所。他说："岛根、大分、高知……我考察了全国二十多个地方。当时德岛并不在候选范围内，是我原来的上司偶然在电视上看到后，跟我说：'德岛的山里有个地方好像挺有意思。就算不行，你也去看看。'于是我就在从高知回来时顺路去神山看了看，跟其他地方感觉完全不一样。那时候我就想，啊，只有这里可以！"

吸引隅田的是绿谷的恰到好处。

为了吸引企业，很多地方的自治团体都非常热情，一个劲儿地跟企业说"请来我们这儿，来我们这儿吧"。而绿谷只是平常自然地告诉对方"你来就好了"。无论从事节能还是其他行业，他们不是说"你一定要做这个做那个"，而是"做你们能做的事就可以了"，非常宽松。

很多地方的自治团体都是由特定的领导人物带着当地人开展活动，而在神山，身为领导的大南并不是站在队伍最前头摇旗呐喊的类型，绿谷本身就是包括大南在内的一个团队，这种氛围很适合崇尚开放、平等的隅田。他后来说：

"这完全是大南式的魔术。我被绿谷吸引，不知不觉成了神山迷。"

当然，神山的 IT 环境也是促使他做出决定的重要因素。

《前言》里说到过，德岛县的通信环境在全日本都是数一数二的。其中，神山町和相邻的佐那河内村的通信基础设施更是首屈一指。隅田惊呼，这里的网速比东京惠比寿的总公司还要快。他说：

"总而言之，这里的发展太超前了。好比明明只有小卡车会开过，却修了三车道的高速公路。我考察了很多地方，要说这里是西日本第一也不为过。对影视公司来说，这儿简直就是天堂。"

另一方面，和其他设立卫星办公室的企业一样，隅田也想摸索新的办公模式。

在日本大城市的办公室工作是再自然不过的。国外的多数公司则在地方设置办公室，高层直接在地方工作也是常有的事。在下一篇的 Sansan 神山实验室中会讲到变换工作场所给工作带来的积极影响，尤其是对需要创意的工作，效果更加明显。

从激励员工的角度说，神山自然环境优越、有许多个性鲜明的人，再合适不过了。激励员工不能靠强制，得让员工选择自己喜欢、乐于接受的地方。正是出于这样的考虑，隅田才不惜耗资把旧民房改造成时尚且功能齐全的办公室。

"Plat-Ease 的宗旨是开放和自由，设立卫星办公室正体现了这一点。不过没想到会来这么多人。这里和东京的办公室不一样，很舒适，是年轻人想来的地方，也是我原本想象的样子。"

隅田接着说：

"我想自己住住看，这里的生活节奏肯定是城里人喜欢的。如今的生活节奏很快，时间就这么流逝在飞快的节奏里了，人们更需要稍稍停下来思考一下生活的本质，而神山的节奏刚刚好。"

"你是不是脑子有病啊？"

分散业务的需求，绿谷营造的氛围，完善的 IT 环境，加上对全新工作方式的寻求——构成了隅田选择神山的理由。但归根结底，大抵还是因为隅田身体里流淌着创业家的血液。

其实早在 Plat-Ease 之前，隅田就已创办过两家企业了。一家是一九八九年成立的影像通信平台"SkyPort"，另一家是一九九二年成立的"CS Service Center"。

隅田一直很崇拜美国有线电视新闻网 CNN 的创始人泰德·特纳。大学毕业后，他进入朝日电视旗下播放 CNN 节目的日本有线电视有限公司工作。一开始担任助理导演，参与节目制作。第三年时，他报名加入公司的新业务部门，被录用后开始参与 SkyPort 的筹建。这项业务是利用卫星提供节目播放服务，可以看作是模拟版的"Sky PerfecTV!"[①]。

但偏偏这时，租借的卫星发生了故障，备用卫星也无法使用，导致 SkyPort 的业务无法开展。隅田的第一次创业以失败告终。

一九九八年，隅田重整旗鼓，东山再起，创办了经营同样业务的 CS Service Center。这一次，业务进展相当顺利，盈利一扫经年的亏损。但利润增长还是没能获得股东们的满意，公司被卖给了 DirecTV（即现在的 Sky PerfecTV!）。

隅田回忆到："突然有一天，公司就成了由外国社长向员工问候'大家辛苦了'！。虽然我一直积极地做经营计划、开发新业务，等等，但对公司内部来说，已经失败了两次……回到总公司后，只能

---

① 日本 Sky Perfect JSAT 株式会社经营的收费电视品牌。

受命去做一些管理公司纪念品、报销经费这样可有可无的事。"

即便这样，隅田也没有灰心，他很快做出了第三次业务计划，这就是从事元数据制作、播放的 Plat-Ease 的原型。但因为前两次的失败经历，总公司再不愿意投钱了。于是，隅田从公司辞职，卖掉房子，创办了 Plat-Ease。

"我随随便便就把房子卖了，那时妻子快疯了。她说：'你是不是脑子有病啊。'后来我们就离婚了，完全和演电视剧一样，而且是最惨烈的那种。我从来没想过，妻子会因为这个跟我发火。"

虽然创业接二连三地受挫，但隅田面对危机的处理方式和一般人并不相同。在面对做与不做的选择时，他的每一次选择都是"做"。"做能做的事"是他的人生准则。能在开创业务、解决难题中感到无比的喜悦，隅田是名副其实的创业家。

"除了死，别的都不是大事。就算没有神山的卫星办公室，我大概也会在东京再开一家公司的。"

对创业者隅田来说，神山绝对是能将自身经验和知识充分发挥的绝佳场所。

神山有良好的自然环境、优秀的人才和完善的 IT 环境，但少子化和老龄化问题严重，年轻人的数量持续减少。隅田想，那自己能做什么呢？首先就应该是在影视相关行业创造就业机会吧。因此，他将未来需求呈增长态势的超高清电视（4K／8K）业务从 Plat-Ease 独立出来，单独成立了缘侧办公室。

神山是教育孩子的好地方

如今，缘侧办公室越发成为了神山的希望。

二〇一三年九月加入其中的广冈早纪子说："我一直觉得神山是教育孩子的好地方。我现在还没结婚，但很幸运回到了这里。"

神山町只有所农业中学的分校，读高中的孩子都在德岛市寄住。他们毕业后即便是想回神山就业，也几乎只能选择政府机关和农业协会，因此只好留在德岛市或者大阪等地。广冈之前也在德岛市内的企业工作。

尽管她很想回来，但很难找到合适的工作。正想着该怎么办时，她偶然听说了缘侧办公室的招聘信息。"那时我想，对，就是这里。最后如愿被录用了，才松了一口气。"广冈笑着说。

二〇一三年二月加入 Plat-Ease 的谷胁研儿也是这样。

谷胁出生在德岛县阿南市，在 JustSystems 工作了二十二年。JustSystems 是浮川和宣与妻子初子一九七九年在德岛县创办的大型软件开发公司，有着家族企业独有的豁达的文化氛围。谷胁主要负责软件开发和商品策划等相关工作。

但在 JustSystems 和基恩士公司达成资本和业务合作协议后，谷胁的人生走入了低谷。

基恩士是一家生产工厂传感器的大企业，自有资本比例超过百分之九十，收益非常好，员工的收入也比 JustSystems 多好几位数。但正因如此，公司业务非常繁重，对员工的业绩要求十分苛刻。JustSystems

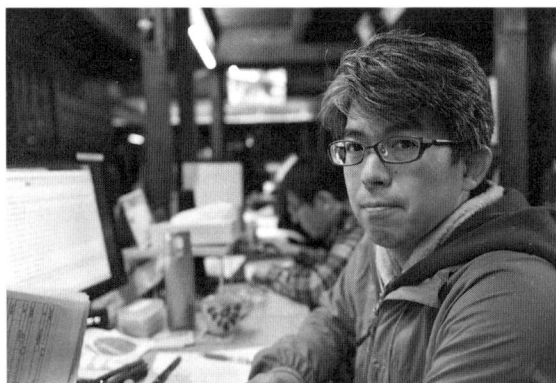

谷胁，去东京以后意识到了神山当地的魅力。

公司也慢慢被基恩士的这种氛围传染，陆续有员工表现出了不适应。谷胁便是其中一员，在调任到东京总公司的第二年他就辞职了。他说：

"说实话，是公司有意让我走的。"

那时，在东京孤身工作的谷胁开始重新审视自己的人生：如果继续留在 JustSystems，恐怕再也不会有自己的容身之地；但又不知道自己能做什么。于是他去参加交流会，思考自己真正想做的事。

就这样，他把目光投向了地区建设。

谷胁在阿南市的渔村椿泊长大，这里至今仍是一个偏远农村。但在东京这样远离家乡的大城市，他总会想起故乡，那里有海，有山，有梯田，有都市不具备的魅力。正是到了东京，谷胁才真正发现了故乡的可贵。

于是他想回到德岛，尽自己的能力建设椿泊。正在这时，他听说了卫星办公室，得知了缘侧办公室成立的消息，于是去询问 Plat-Ease 是否招人。谷胁说：

"来这里，很大程度上是想亲身感受一下神山发生了什么。虽然一直被隅田老大训斥，但我这把年纪还在一个能被比自己小的上司骂的环境里工作，实在是很幸运。"

除了他们二人，缘侧办公室还吸收了一大批神山塾学员。

当然，看到希望的不仅是员工，还有隅田。

妻子离开了，上大学的女儿也不在身边。二○一一年开始，他也不再担任一手创办经营了十年之久的 Plat-Ease 的社长一职。站在人生的分水岭，该如何度过接下来的时光呢？此时邂逅的神山，恰是一个无可挑剔的舞台。

在神山，隅田重新发现了自己的价值，宛若新生。

最近，隅田又对林业产生了兴趣。

过去的神山林业繁荣，而随着木材价格走低，经济逐渐萧条。没有政府补贴甚至很难维持下去，山林无人照料，荒芜一片。隅田想，有没有什么办法可以重振林业呢？

"其他地方的林业发展往往依靠老年志愿者。但如果不以能以盈利的商业模式来运作，就没有必要考虑民营了。我学习了很多相关知识，但还是没有找到让我觉得'就是它了'的方案。好久没碰到过这种难题了。"

如何复兴山林是很多村庄面临的困境，不是一朝一夕就能解决的。但如果不从商业的角度出发，创业者便没有了存在的意义。正因为不易，才更让隅田摩拳擦掌——漂泊的创业者在继续拷问自身的意义。

任何地方都能工作
卫星办公室从这个公司开始

让神山町闻名全国的卫星办公室是从这间公司开始的——Sansan，一家提供名片管理云服务的东京IT风投企业。

市场上提供名片管理服务的公司并不少，Sansan能获得高度评价，很大程度缘于它的便捷性。

客户只须把自己的名片在专用机器上进行扫描，再由Sansan的工作人员将录入的名片信息人工整理成数据，精确度几乎达到百分之百。名片的信息被分成几个部分传输给不同的工作人员，客户不用担心信息被泄露。

录入后的名片信息存放在Sansan的服务器上，在客户内部共享。

除了搜索名片，客户还可以查询同事上下级的关系、公开的人事调动等信息，名片信息也会自动更新。同时，由于记录方式不是按名片，而是按人头，所以同一个人的名字不会重复出现。另外，客户还能直接录入洽谈记录。

一手创立Sansan的社长寺田亲弘为公司倾注了很多心血。他说：

"据说每年有一百亿张名片流通，也就是说，这些名片意味着寺田下定决心开设卫星办公室。

一百亿次的相遇。我们并不只想做便于使用的名片管理工具，而是想把每一次商谈的信息变成资产，从而革新工作方式，挑战未来的种种可能。就像史蒂夫·乔布斯手中的苹果，创造改变世界的价值，是我的梦想。"

Sansan 的客户中，法人用户有一千五百家，个人用户超过四十万。它们提供的服务在客户管理、市场营销、营业支持等方面都得到了广泛应用，其中，面向法人用户的服务份额占到了百分之七十。公司墙上贴着"名片管理让企业更强大"的宣传语，这句话可不是说说而已。

寺田看中硅谷的工作方式，因此，二〇一〇年十月，Sansan 来神山设立了卫星办公室。

大学毕业后，寺田进入三井物产，二〇〇一年被派驻到由三井物产出资、位于硅谷的风投企业工作。在那里，他见识了硅谷的工作方式。

"那里的人工作虽然忙碌，但看来似乎不怎么吃力。我想知道这是为什么，这让我对硅谷的环境和工作方式有了兴趣。"

"工作方式实验"的立场不会改变

位于美国西海岸的硅谷自然资源丰富。这里云集着谷歌、Facebook 等公司，它们的工作方式和时间分配都由员工自己决定。

寺田认为，是这里丰饶的自然资源和自由的工作方式为员工提供了宽松的氛围，并大大激发了他们的创造性。

二〇〇二年，寺田回到日本，却看到大多数商务人士的生活还是挤着塞满人的电车上下班，整天对着电脑。

"我再一次觉得，日本人的工作方式实在太辛苦了。我想着自己能做些什么改变，然后就有了现在公司的雏形。"

之后，二〇〇七年六月，寺田创立了 Sansan（当时公司名为三三），开始着手名片管理服务业务，与此同时，将硅谷的工作方式引介到日本的想法也一直在他脑中挥之不去。

不过，以神山实验室的形式实现这个想法则完全出于偶然。

早在 Sansan 入驻神山前，汤姆·文森特便改造了神山温泉边的旧民居，设立了 Blue Bear Office。汤姆是一名设计师，从二十世纪九十年代中期开始从事网页设计咨询工作，如今作为 Tonoloop Networks 公司的法人代表，致力于将日本优质、有趣的东西推广到世界。在神山设立工作室，是出于他对绿谷工作进驻项目的共鸣。

那时，负责设计的建筑师团队中，就有寺田在中学和大学时的同学须磨一清。

须磨本来和神山没什么关系，因为在纽约工作时的同事坂东幸辅是德岛县人，就来神山参观过。神山的自然环境和地方自治团体建设让须磨大为惊叹，在一次喝酒时，他把相关情况告诉了寺田。这让寺田大生兴趣，马上来神山考察，当即决定在这里开设神山实验室，"实践新的工作方法"。绿谷给他介绍了一栋建筑时间超过七十年的旧民居。寺田说："这里的自然环境和 IT 环境都很好，绿谷的人又很有趣。对设立卫星办公室来说，真是无可挑剔。"

寺田对神山的喜爱，还缘于绿谷的良好氛围。

在设立神山实验室前，寺田曾对绿谷的理事长大南信也说：

"在这里办实验室，不仅是为了做生意，我还想为地区建设做出力所能及的贡献。"

对想要进驻某一地区的人来说，有这样的想法再正常不过了。

但大南的反应却出乎寺田的意料。他说：

"这倒没那么重要，只要做好你们自己的业务就行了。不用勉强，只要考虑是否有经济收益就好。"

寺田是个高高瘦瘦的英俊青年，乍一看可能像个只重视数字和理论的无趣的人。实际接触后会发现，他内心热情，非常为员工着想。作为一个有经验的创业者，寺田能把公私严格区分开来，不过有时会过分强调事情的合理性。

因此这时他在意的是，成立神山实验室，会不会让人觉得这只是社长的个人兴趣。

对寺田来说，神山实验室是实践新工作方式的实验场，建立这个实验室本身就是一项工作。但如果把自我过多地带入其中，就会让定位模糊不清。考虑到这点，寺田放弃了把家人一起带来神山的想法。

正因为寺田这样的个性，他被大南那句"只要考虑是否有经济收益就好"深深打动了。

"感觉其他人都是下了很大的决心（才把卫星办公室搬来）的，我却一点没有这样的感觉。房子的装修改造没花多少钱，要是影响到员工工作，随时都能停下来。要不要和当地人交流也都由员工自己决定，直到现在公司也没打算主动做些什么。可能有人会有意见，但是我不想改变'工作方式实验'这一立场。"

之后的三年里，神山实验室一点点发生了变化。

一开始，办公室没有热水，厕所是旱厕。一位员工回忆道："我们都是用毛巾捂着鼻子工作的。"取暖设备也没有，冬天敲键盘时手都在发抖。因为环境非常恶劣，最初就连喜欢农村生活的员工也只敢来工作一小段时间。

但随着改造的一点点进行，工作环境得到了改善。如今，工程师、程序员这类不受工作地点局限的人经常来到这里。寺田说，尽管工作表现因人而异，但还没有谁在神山实验室降低了工作效率。"有些员工的表现更出色了。重要的是，工作效率不能降低。因为设立之初就决定，如果效果不佳就放弃这一尝试。"

近来，连远程工作不那么便捷的团队也开始在神山办公了。

神山实验室是制定企业战略的最佳场所

正如刚才说的，开发团队以工程师为主、采用远程工作的方式已成了常态，但营销团队需要拜访客户、介绍产品等，还是离不开东京。不过随着在线营业框架的构筑，在遥远的神山开展营销也变成了现实。

实际上，二〇一二年十一月起，Sansan 开始由营业部部长决定是否让项目负责人拜访客户，目的就是为了贯彻"不见面的营业"思想，获得在线客户。如今，公司七成的订单都来自在线客户。而随着客户访问量的增加，订单数几乎翻了一番。

公司的在线营业架构非常简单，和看到电视广告或者网站上的具体信息后前来咨询的客户不同，在线客户通过在线交流工具进行洽谈。

具体来说，接受客户咨询，约定会谈时间后，都会通过邮件发送链接。到了会谈时间，客户打开链接地址，能即时得到营业负责人的信息或产品资料，通过电话实现沟通。

将这种在线营业方式规范化，是在和地方企业客户的往来中得到的启示。

随着公司知名度的提升，许多地方企业也前来咨询。但是 Sansan 的总部在东京，不是每次都能实地拜访。这种情况下，公司会把资料打包传给客户，通过 Skype 进行商谈，意外地发现这样经常可以达成交易。不见面也能实现销售——让 Sansan 转向了在线营业。

Sansan 的营业部部长加藤容辅说：

"我们部门是有业务量目标的，因此转做在线营业需要很大勇气。能够当面见到客户的，就可以采取传统的应对方式。在线开展业务的话，之前的经验几乎完全派不上用场。我当时还担心在线营业的方式会让订单减少，没想到来咨询的客户反而增加了，已有的人手都不够用了。我这才下决心采用这样的方式。"

到了第二个月，为了再次检验过去一个月来搭建的在线营业系统，加藤把两名营销负责人送来了神山实验室，以充分利用这一系统，积累经验。

对于看重当面洽谈的客户，团队还是会去拜访，但这一比例正在逐渐降低。如果能改变"面对面问候才代表诚意"这一观念，不拘地点的办公模式大概才能得以快速推进。如果能实现远程营业，大概没什么事是在神山不能做的了。

每个月都有东京的员工来到神山实验室。二〇一二年以后，新员工的培训也在这里进行。二〇一三年十二月我去采访时，加藤的团队正在这里合宿。

"来到这里，似乎脑子里的条条框框一下子被打破了，会冒出好多新的想法。把脚泡在河里聊天、一边在山中漫步一边讨论……神山是制定战略计划最好的地方了。"

正如加藤所说，神山优美的自然环境绝对能给头脑打开一片新天地。不仅如此，加藤还在合宿这样的集体活动中发现了更多的好处。

过去，日本企业的家族倾向比较强，一些旅行、运动会之类的活动能增强团队凝聚力，让人意识到自己是集体的一员。但到了二十世纪九十年代中期后，随着美式合理化经营理念的渗透，员工之间的情感联系正变得越来越弱。

这并非怀念过去的经营方式，但不可否认团队力量正是日本企业的强项，靠团队合作取得成功，在闲聊中萌生出新想法的情况十分常见。而随着工作和生活的分离，不少东西慢慢遗失了。

加藤说："如果说合宿有什么好处，那就是增加了工作之余的交流机会，你可以了解同事的思考方式和对工作的想法，这些光靠工作中的交流无法实现。"

如今，把工作和私人生活截然分开是理所当然的，但从团队表现的角度考虑，大家在一个大房间里面对面交流，挤在一起睡觉也是好处多多。至少，在 Sansan，我们看到了积极的一面。

给未来工作方式的答案

现在，神山实验室正进入一个新阶段，开始有不少员工移居到了当地。

拿工程师团洋一来说，寺田称其为"王牌工程师"。的确，团在搭建名片管理服务的体系构架中发挥着核心作用。二〇一三年十一月，他和妻子七穗一起搬进了下分的旧民居。

团移居到这里的直接原因是身体不好。直到高中毕业，团一直在德岛市生活，大学时到了冈山。对一直在小城市生活的团来说，东京挤满了人的电车带来的只有压力，肠胃出过好几次毛病。因为害怕在上下班时拉肚子，他连早饭都不敢吃。

团觉得，这差不多是极限了。

于是他向寺田打听调去到神山的事。如果调职申请不被接受，他甚至做好了辞职的准备。但寺田的答复是"不错啊，去吧"。

移居到神山的团夫妇。

设立神山实验室后，团一共去过三次，他十分喜欢那里幽静的自然环境。而出生在东京的七穗同样很向往乡村生活。另一方面，寺田深知团不管在什么地方工作，都能有很好的表现，没理由拒绝他的调职申请。

寺田说："我了解团的工作情况，觉得他没问题。起初建立实验室并不是希望员工举家搬迁，但团跟我说想去的时候，我特别高兴。"

如今，团住在离神山实验室八公里的地方，每天骑车上下班。压力性肠胃炎基本痊愈了，身体状况也在好转。七穗也开始跟着附近的种菜能手在家后边的田里种蔬菜。正如 Nandemo 屋的松浦广美所说："他们能亲近这片土地，做得很好。"村民对他们也都赞不绝口。

寺田说："总之，去神山的员工回来时都变得更有活力了，这实在是太好了。"

归根结底，企业依靠的是人。虽然 IT 技术等很重要，但员工积极的心态才是一切的前提。Sansan 的实验把东京和神山联结在一起，以提高工作效率，这大概也是对未来工作方式的一个回应吧。

"向前一步，就会看见另一扇门"
边境的法式小餐厅 On Y Va 咖啡店的挑战

人生难以预测，因此人人都寻求安稳，希望活在可预知的范围内。然而当今时代瞬息万变，几乎没什么能在十年、二十年里保持不变。沿预定的轨迹发展固然是种幸福；而主动寻求不安定，往往也是因为有一颗渴望安稳的心。

那么，怎样才能不被变化左右，活出更精彩的人生呢？

这个问题没有绝对正确的答案。但起码，有向前迈进的决心和勇气才能开辟出新的道路。就算前方可能一无所有，也要向着自己喜欢的、快乐的方向前进。只要这样去做了，下一个选择就会自然而然地出现。

长谷川浩代让我看到了这一点。

在普罗旺斯的深山里发现自我

长谷川是 On Y Va 咖啡店的主厨，一位细心而内敛的女性。她本来从没当过主厨，只是在家乡京都做着一份普通的工作。

从大阪外国语大学毕业后，长谷川进入了京都一家咨询公司，为医院、外卖店等各类客户提供业务支持，生活算得上充实。虽然毕业于外国语大学，但她从未在外国长期生活过，年龄增长让空虚和焦虑感渐渐滋生，长谷川总觉得自己的潜能没有被完全开发出来。

想要做些什么，但又不知道做什么好。

长谷川就在这样的窘境里彷徨了一段时间，终于在二十八岁时，决心重新开始学习法语。她大学时学的是西班牙语，法语只是略懂。想起上学时，有位相熟的教授告诉过她一家不错的法语语言学校，就下定决心去报了名，大概是渴望一个改变的契机吧。

其实，二十八岁再学习法语看似没什么意义。但她决定通过实习项目的职业培训，在实际工作中掌握语言和专业知识，获取经验。长谷川觉得，这也许会对以后的工作有所帮助。

于是，她开始拜托专业人士帮忙寻找实习项目。当时，她写下的志愿非常明确详细：位于法国乡村，可以提供食宿。在之前的公司，长谷川曾给新开业的餐厅帮过忙，因此她希望能做与"吃"有关的工作。她不讨厌烹饪，而且什么都想好好学一学，再三考虑后列出的条件非常详细。

她经人引介，在法国南部找到了农场民宿、餐厅等三个地方。在法国进行了一个月的语言学习后，前往每家厨房分别工作了三个月。实习原则上是没有报酬的，但长谷川想，有了一定经验，也许就能更好地掌握法语和法国南部的家常菜。于是，她最后选择了这个实习项目，一九九八年八月踏上了料理学习之路。

法国南部的家庭料理是她的拿手好戏。

这个决定不是基于对未来的具体规划而做出的，却为长谷川打开了一扇全新的大门。在第一家位于埃乌尔雷村的"山之家"学习一段时间后，长谷川下定了决心。

埃乌尔雷村是法国普罗旺斯－阿尔卑斯－蓝岸大区的一个山村。从一个叫"蜘蛛"的小镇出发，沿陡峭的山路走上大约一个小时，坡道尽头出现的那个海拔一千米的山间村落，就是埃乌尔雷村。

二战后，由于人口急剧减少，村子几乎被废弃。但在七十年代，受到嬉皮文化的影响，年轻人慢慢搬来村里，开始形成地方自治团体。最终，崇尚自然，追求有机生态的人留了下来，使这里成了世外桃源。如今，这里生活着遵循自然种植法的农业生产者、陶艺家、山岳导游等各种职业，以及法国人、德国人、荷兰人等不同国籍的人。

长谷川起初在村外的山之家工作。这是一座几乎完全自给自足的农场民宿。一九八一年，场主罗伯·亚菲买下了这个废弃的农场，慢慢建起房屋，修整农田，最终建成了有四十个床位的漂亮农场民宿。

农场里有大约一公顷田地用作有机农业，田里收获的农作物供给前来住宿的客人；蔬菜残渣、家畜粪便用作肥料，完全不需要化肥和农药；瓶瓶罐罐也都可以重复使用，直到破得不能再用，因此除了塑料，这里几乎不产生任何垃圾。所有的东西都得到了合理的循环利用，形成了一个小型社会。

长谷川在厨房学习了三个月，旧有的观念完全被颠覆了。

"让人惊讶的是这里真的完全不产生垃圾。我这才意识到，啊，原来还有这样的生活方式。我原来的价值观完全被颠覆了。"

人类的活动本就存在各种小循环。但随着工业化和城市化进程的推进，原有的平衡被打破了。废弃的核燃料就是平衡被打破的象征，人们戏谑地称它像"没有厕所的公寓"。对从记事起就生活在城市的长谷川来说，万物都处在一个循环系统中的事实让她很惊讶。

当然，她受到的冲击不仅如此。静下心来细细聆听，可以听到叶子擦过叶子发出的声音；抬头瞧瞧无云的夜空，可以看到横亘其间广阔的银河；满月和新月时的光亮原来这么不一样，照射花草的光线在早晚也各有不同。这一切在长谷川看来都是那么新鲜。埃乌尔雷村的自然环境唤醒了她全部的感官。

最吸引她的，则是埃乌尔雷村开放的氛围。

参观埃乌尔雷村的人来自世界各地，对这里的价值观深有共鸣。长谷川所在的山之家也不断实践倡导着循环型生活方式。埃乌尔雷村只是普罗旺斯深山里的一个小村庄，但它并不封闭，反而十分开放。这里自治团体的氛围很对长谷川的胃口。她说：

"我去过法国很多农村，有些地方的人甚至没和方圆五百米内的邻居说过话。到了那样的地方，我一下子都不知道该怎么办了。"

建设能吸引人的场所

经过为期一年三个月的学习历程，长谷川加入了从事有机葡萄酒进出口贸易的 Mavie 公司。那是二〇〇〇年春天，长谷川结束了第二次在山之家的实习后，偶然认识了 Mavie 的社长。她的个人经历和人品受到了社长的赏识，于是同年十二月，长谷川决定在 Mavie 工作，每个夏天去法国一段时间。

一开始，长谷川的工作主要是推广有机红酒，后来，她发挥自己的语言优势，帮各个生产厂商沟通联络。七八月份去山之家，剩下一个月则到处寻访法国当地的有机红酒生产商。就这样，她积累了一大批红酒生产商的人脉，这是一笔受益至今的可贵财富。而为她打开这笔财富之门的，正是当初到 Mavie 工作的决定。这样的生活一直持续到二○一○年。

在山之家工作期间，有个想法一直在她脑海里徘徊不去。的确，在这里的生活很快乐、很充实。但如果一直待在这里，人生恐怕就一成不变了。她觉得自己应该另寻一个地方，踏出全新的一步。这里让她深刻感觉到推开一扇门的重要性。而后，她开始考虑自己打造一个山之家。她说：

"我很喜欢这里，但我觉得如果一直这样下去，就没有办法迈出新的一步。如果不从山之家走出去，一切都无法开始。"

早在二○○五年，Mavie 就在自己的店铺里开辟了专门用作活动的空间，一年举办几次美食会，人们可以一边欣赏生产者或葡萄园的照片，一边品尝红酒和法式家常菜。只要在网上发布宣传广告，美食会就场场爆满。"说不定我自己也能做到"——有了成功的经验，长谷川跃跃欲试。

她觉得："我多少有了些自信，有实际经验，也学到了很多东西，感觉有了一定基础。"

但更重要的问题是，如果开店，是在日本还是法国？人手和资金怎么解决？虽然 Mavie 表示可以投资，但是如果完全依靠 Mavie 的话，自己依然是没有进步，和之前没什么差别的。

而且，东日本大地震后，住在京都的母亲一直郁郁寡欢。

长谷川回忆说："二〇〇七年，我父亲去世了。可能跟这也有关系，大地震后，母亲就变成了这样……"

为了照顾母亲，长谷川于二〇一一年五月从镰仓搬到京都和母亲同住。

Mavie 的工作可以在网上完成，每月一次去东京出差时，姨妈会帮忙照顾母亲，但这毕竟不是长远之计。总有一天会维持不下去。

她觉得，真的必须寻找一个周全的办法了。

刚隐约看到了人生的目标，不料又一次走进了迷雾中。

不经意间，事情有了转机。她和在神山买下旧民居的朋友一起开了家法式小餐厅兼咖啡店。

"我和她大约是在二〇〇二年参加志愿者活动时认识的，之后经常去对方家里玩。在法国的时候，她有时会来我家住，或者我去她家。同在异国他乡，感觉格外亲切。"

二〇一二年，这位朋友在神山买下了一栋旧民居。这栋房子的年代已经超过一百五十年，原是土藏造的酿酒屋，建筑内有土间、主屋和储藏间，背靠着山，屋后就是雨乞之泷。这里的幽静让朋友一见钟情，决定搬来居住，就把房子买了下来。

因为是栋日本传统民居，光主屋就有六间，还要考虑用作店铺的房间该怎样使用。该怎么样规划利用呢？她向长谷川寻求建议，长谷川就提议建成山之家那样能吸引很多人的场所。两人一拍即合，开始考虑店铺的理念、设计等。在神山复制山之家，是因为长谷川在这里感受到了和埃乌尔雷村相似的氛围。

回头看来，长谷川从不满足于现状，每进入一个新环境，人生就会开启一扇新的大门。并非所有因素都准备齐全才能开始行动，就算前方什么都看不到，只要是自己喜欢、感兴趣的，就可以迈出步伐。长谷川没有考虑辞职后的计划，只是朝着自己喜欢的方向前进，一步步开启着新生活——长谷川就这样和神山绑在了一起。

二〇一三年十二月一日，On Y Va 咖啡店开业了。除了当地人和卫星办公室的员工，还有不少客人闻讯特地前来一睹为快，小店接连几天都生意兴隆。尽管其中有些人是特意来送上祝福的，但在神山这样闭塞的地方，客人已经比想象的要多了。负责打理店铺的长谷川都觉得有点累了。

"我想习惯了之后估计就能更有效率吧，只是现在还没有习惯。不过，有这么多客人真的太让人高兴了。"

无论如何，还是要振作精神把店铺经营下去。

"我想让这里吸引人、留住人。成为当地人、卫星办公室的员工、参拜路过的人、考察参观的人都会来的地方。"

长谷川的愿望正在一步步地实现。

和地区一起创造理想的生活
一个来到神山的旅人的故事

　　这里不同于普通的牙科诊所。

　　诊所建在大粟山山腰南面的一片平地上，侧下方是一片棉花田。朝下看，面向山谷的村落尽收眼底。路虽铺好了，但很窄，只能容一辆车开过。这是山里的一栋独屋，周围没有邻居，很有趣。

　　候诊室也跟一般冷冰冰的候诊室截然不同，而是像间咖啡厅，白墙，有沙发，有书架，书架上摆着些好看的书。墙上挂着生于意大利托斯卡纳的画家波珊蒂的作品，画里一群小动物在围桌欢聚。

　　诊疗室天花板上有着丙烯颜料的天顶画，画面是枝丫间的天空。治疗间隙，患者可以抬头一饱眼福。睁开眼睛，能感受到温和的阳光从树缝间倾泻而下。这里就是Coco齿科，院长是手岛恭子。

　　二〇一三年四月，牙医Coco和搭档手岛史嗣（阿史）一起建立了Coco齿科。经过患者的口口相传，这里渐渐声名远播，其他县的患者也会慕名前来，预约总是满的。除了细心的治疗，重视与患者的交流也是Coco大受欢迎的原因之一。

　　但为什么要把诊所建在神山这样的大山里呢？来到神山的每个

Coco 齿科就在这条路的前面。

人都有各自的过去，当然，Coco 也不例外。接下来，我们就讲讲这个故事。

四年的流浪生涯

"我本来并不想在这里长住。起初只是和天野洋一在到处找养老的地方，偶然熟识了惠树的女儿，他们便把神山的房子借给我们住，这之后就决定住下去了。啊，惠树就是二〇〇一年参加艺术家进驻项目的中嶋惠树。

"其实我一直想搬到德岛南边住，并没打算常住神山。但在神山的这段时间，我们越发觉得这里也不错。天野特别喜欢钓鱼或是去海边玩，所以一直想在有海的地方生活，没想到山里的生活比想象中有趣多了。我们在惠树的家里已经住了四年半了，哈哈。

"要说神山有什么好，那就是从房东到邻居都很开朗，操办艺术家进驻项目的大叔就很开朗啊。以大南为首，我们和岩丸、佐藤都有往来，遇到什么事情他们都会来帮忙，也会一直想着能做些什么。我们完全不觉得自己是外人。

"当时，我和天野看起来都蛮奇怪的。天野的头发特别长，总会被人说是'奥姆真理教的人来了'什么的。绿谷的人虽然会觉得我们有点怪，但也觉得我们很有趣。"

Coco 出生在牙医世家，从小就想当一名牙医。大学进入了冈山大学牙科医学部，在那里遇到了天野。天野在大学附属医院的牙科工作，同时担任本科生讲师。

Coco 说："在保守的国立大学牙科医学部里，玩冲浪和山地车的天野是个异类。而且，他比我大八岁。开始交往时也听到不少闲言碎语。"但 Coco 觉得天野"不是浪荡，只是有自己喜欢的东西而已"，在大学毕业第二年就和天野结婚了。

两人在家乡姬路一座高层公寓的最顶层安了家。平时在牙科医院上班，业余就去滑雪、骑着山地车从山上往下冲、看电影、在家招待朋友……过着属于自己的丰富多彩的生活。

但他们对这样的生活并不是没有怀疑，于是，一九九八年五月，在结婚第四年时，二人辞掉了医院的工作，踏上了流浪的旅途。

"从墨西哥开始，我们在中南美洲待了一年，欧洲一年，亚洲半年，一共用了两年半，之后又去国外背包旅行。结婚后，虽然也有过几次短期的出境游，但从未有过长时间的旅行，哈哈。我们渴望这样的经历，没做什么计划就出发了。两人都是牙医，随时可以回去重操旧业，这也是能说走就走的原因。

"有时也不想一直旅行下去。尽管当时的生活还算富裕，但真的有意义吗？明明许多人还生活在贫困中，却有人在过度消费。我对日本这样的生活态度有了质疑。天野也常说：'日本这个国家很奇怪。'"

"去有趣的地方，吃好吃的东西，寻找便宜又舒适的住宿，我们

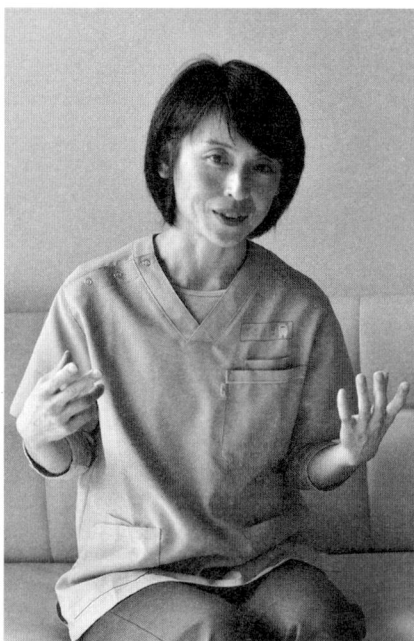

Coco 的牙科医院里一直都有许多患者。

在旅途中不断重复着这样的过程。天野还在路上用笔记本电脑更新主页，看上去特别忙。用着苹果笔记本，打着电话，获得服务代理商的授权……"Coco笑着说，"我们每到一个新的城市，就去找上网用的模数转换接口。"

流浪的生活确实带来了不一样的体验。中南美洲的生活水平虽然不比日本，但并不是真的贫困。在这里的经历让他们了解到，不同于物质至上的价值观，还有一种幸福与物质上的丰盛无关。

在欧洲，他们见识到很多值得欣赏的地方，比如旧物的价值、光的利用方式等。如今挂在诊疗室的波珊蒂的画就是在欧洲看到的。

两人觉得，只要朝着自己喜好的方向生活就好了。让人喜欢的东西很多，但最终他们还是回到了日本。

Coco说："回来很大程度上是出于经济考量，我和天野都觉得，应该用自己的工作把周围变得更美好，这样才是更好的生活。"在国外因为语言障碍，很难有所作为。因此，回日本做些事情会更好。而且哪怕地方小一点，也总能做些什么，总比在外面说"日本不行"之类的话好多了。

回国后，两人又踏上了旅途，寻找最后的归宿。Coco说："'寻找归宿之旅'是我命名的，两个成年人加一条狗，晚上就在越野车里过夜，大概花了一年半时间，把九州四国转了个遍。最后，我们锁定了高知和德岛两个地方。机缘巧合，二〇〇二年夏天，我们住进了刚买下旧民居的惠树家里。"

找到最后的归宿

Coco 和天野开始了在神山的寄住生活。起初他们也不知道会不会在这里一直住下去。渐渐地，神山越来越吸引他们，规律的山村生活很符合两人的性格。

在这里，柴火是生活必需品。做饭、洗澡，都要用到柴火。天野迷上了做面包，还自己做了一个以灶头余热为热源的烤箱，每个月都做二十千克面包，送给亲朋好友。

天野的面包做得很棒，连惠树都很意外："他做面包的水平相当高，超级好吃。"

在不断接触的过程中，天野和绿谷产生了交集。

周游世界，是想过一种不以物质和金钱为重点的生活。停留在神山，是因为觉得那种理想生活在这里就可以实现。但不管如何追求理想，都不能把自己和身处的环境完全割裂开来。正是出于这样的考虑，天野走进了绿谷的大门。

他积极地参加绿谷的活动。带领来访的艺术家、参观者们参观神山，还参与清扫道路的卫生包干项目。其中，天野尤其关注的是大栗山的重新开发利用，也就是"建设栗生之森"项目。

随着 KAIR 知名度的提高，越来越多的人来到这里。但说到神山的观光点，也就是烧山寺、雨乞之泷、神山温泉。这些地方固然很美，但都跟神山人的实际生活没什么关系。

如果能通过自己的双手让山林变得更加美丽，一定会爱上这片土地吧。

在欧洲旅行时，他们经常看到对自己城市充满自豪感的年轻人。一直受到保护的古老街道，正是这些年轻人认同感的源泉。在神山大概也是一样，维护山林，与当地人的认同感息息相关。

于是，天野、大南和尼古拉一起组织了大粟山的建设活动。除草、间伐、开通游览步道，把合理采伐的木材做成桌椅，而参与这些活动的人都是志愿者。二〇〇四年十二月，绿谷成为NPO法人，这个活动就成了重获新生的绿谷的第一项纪念活动。

大南说："只要和天野说过话的人都会成为他的崇拜者。"

天野有强大的号召力，是绿谷不可或缺的人物。

天野有自由宽容的心，有全球化的视角，热情好客，热爱大山河流，属于大自然……而绿谷开展艺术家进驻项目的目的之一就是要引入外来的、不同的意识形态。在这个意义上，天野正是他们要找的人。

二〇〇六年，决定在神山定居的天野打算开一家咖啡店兼牙科诊所。为此，他在大粟山南坡的粟林买下一块地，利用起留在这里的铁皮仓库，开始经营和Coco的二人世界。

不料这一梦想遭受了挫折。天野被诊断出了癌症。之后，他一边与病魔搏斗，一边准备开业，但病情不断恶化。二〇〇九年年初，天野离开了人世。

Coco说：

"我们决定来神山时天野还挺好的，后来……说是要找'最终的归宿'才来神山的，没想到天野真的在这里待到了生命的最后一刻，这是他最美好的一段时光。

"直到去世前，他都在一点点地打造我们的家，准备咖啡店的开业。但因为要看病，身体状况也不好，计划只好搁浅了。在他去世大概一年后，我终于可以振作精神去做些一个人也能做的事了。

"我们一直设想在这里要做点什么。天野总想着开家咖啡店，我觉得还可以辟出一角来开牙科诊所，或者喂喂鸟啊山羊啊。

"但现在只剩我一个人了。我虽然喜欢美食，但做的食物也没好吃到能招待客人。一个人喂鸟或山羊也有点吃力。另一方面，我喜欢牙医这个职业，觉得要是能把它和神山联系起来就好了。既然决定将这里作为最后的归宿，就希望自己能为神山做点什么。

"我和天野也曾讨论过诊所该是什么样子。候诊室要有家的感觉，一定要用自然的材料，里面还有画册、照片集这些能让人放松的东西。他说过这里是'放松的地方'之类的话，正像他说的，我想开一家这样的诊所。

"实际上，因为住在神山，我可以去德岛市当值班医生。毕竟也得有现金收入啊。又因为想多享受这里的生活，每周也就去个两三天，结果有人特意从神山来找我看病，让我觉得有自信在这里开一家自己的诊所。阿史也是考虑到这一点来到神山的。天野去世三年后，诊所才正式开业，从到神山后算起，开业整整准备了十一年，哈哈。"

他理解天野

看着孤身一人的 Coco，神山人不免都有些担心。不少人觉得她会回老家姬路。但 Coco 留在了神山。究其缘由，阿史是一个重要因素。

阿史是 Coco 旅居国外时认识的。一九九九年到二〇〇七年，阿史在泰国北部的拜县经营家庭旅馆。一天，店里来了两位客人。

阿史对这两人的第一印象非常深刻。他说：

"因为之前就听说有日本人要来，我想大概就是这两位了。他们去了有现场演奏的酒吧，天野当着乐手的面咚咚咚地敲起了非洲鼓，特别开心。我从来没见过这样的日本人。

"他们在我的旅馆里住了大概三晚。那时的拜县基本见不到日本人，他们夫妻俩背着大背包就来了。我当时想，个头这么小的两个人居然能背这么多东西。我见过的日本人不少，但他们两个给我的印象特别深。"

当时，他们是主客关系。但回国后，双方又有了不同的际遇。

阿史接着说："后来我继续经营旅馆，但二〇〇七年遭遇了洪水，很多东西都被冲走了。我想从头再来，就回到了日本。我以前是个理疗师，就在爱知县、高知县的福利机构重操旧业了。

"到了二〇〇九年，有一次我去德岛参加交流会，想到天野和 Coco 在德岛，就想去拜访他们。发邮件联系不上，我就跑到路边的车站向人打听：'认不认识叫天野和 Coco 的人，他们做面包和比萨，是关西人？'，哈哈！"那时，天野刚去世两个星期。

两人在这里开始了他们的第二人生。

此前，阿史和 Coco 只通过电话，没见过面，电话中交换了邮箱，开始有了联系。后来阿史了解到了绿谷，想参加建设栗生之森项目。因为他当时还在高知县室户市工作，就每星期去趟神山。

阿史说："我本是来参加建设栗生之森项目的，因为这是天野发起和领导的。大南、佐藤、尼古拉这些在当地很活跃的人非常包容，接受了我。"

之后，阿史和 Coco 两个人被彼此吸引了。

"为什么呢？不知道！"Coco 笑着说。

"我也不知道，哈哈！"阿史也笑着说。

"大概是因为我们是在旅行时就认识了吧，当时我的头发染了特别奇怪的颜色，阿史也是满脸络腮胡须，头发及腰长。"Coco 说。

"回到日本后，我们看到了对方背负的东西，距离感逐渐缩小，就成了朋友。也许这和我们在旅行时就相互了解不无关系。也可能是我们在泰国时把心理上的阻隔都拆掉了，关系自然而然就近了。"

她接着说："不少刚来神山的人都不知道天野了，这让我有段时间非常难过。但阿史知道，这成了我很大的支撑。"

阿史注视 Coco 的眼神一直都很温柔。他接受 Coco 的全部，包括她对天野的思念。他用自己的温柔支撑着 Coco。

Coco 说："最近做 Coco 诊所主页的同时，也在整理天野在国外时更新的内容。往事历历在目，我几乎都分不清什么是梦什么是现实了……有时候，我也会回忆一下往事。"

如今的 Coco，在神山过着现实的生活。

人生的目的，创作的主题
影像制作人长冈参的幸福人生

好久不见长冈，也许是心理作用，感觉没有什么事情能难倒他了。

艺术家、IT 工程师、创意工作者等各行各业的人在神山都有了一块自己的小地方。其中，像 Plat-Ease 的隅田徹、Drawing And Manual 的菱川势一、予告屋的广濑浩二等从事动画内容产业的相关人士也不在少数。影像制作人长冈参就是其中一员。

长冈把基地设在神山，从事纪录片、视频广告的制作和动画编辑。作为一个创作人，他关注的主题就是生活中的人及其内心。最近，他把重点放在了经济逐渐衰退地区的居民和他们的风俗习惯上。

长冈的纪录片《鬼岛之祭》，就是在落脚神山后以住吉神社大祭为视点拍摄的。住吉神社位于香川县高松市一座有"鬼岛传说"的女木岛上，每两年会举行一次禁止女性参加的祭典。他的另一部纪录片《产土》拍的则是逐渐消失的祭神仪式和沉寂在森林里的村落。

"我是半个宅男。"长冈自嘲道。来神山之前，他是一个几乎养不活自己的自由职业者。那时，他也想描绘植根于人们生活中的东西，但还没有找到像现在这样以鲜明影像来表达的方式，只是日复一日

和阿纱的相遇改变了长冈。

地摸索着属于自己的主题。

有梦想和热情，但不知该如何实现——很多年轻人都有这样的烦恼。对一些人来说这可能是暂时的，但在长冈看来，隐约知道自己想做什么却无法实现，这样的人生让他有着说不出的焦躁。

在理想和现实之间徘徊的二十几岁的年轻人

一九七九年，长冈出生了。家里是开照相馆的，他是长子。高中毕业后，进入东京工艺大学学习，后来退学去瑞典的斯德哥尔摩搞摄影，拍电影。再后来，长冈回到日本，一边在自家经营的茶馆里帮忙，一边在东京的电影美术学校进修，师从电影导演兼剧作家黑泽清、青山真治、高桥洋等人，每天的任务是学写剧本、去拍摄现场帮忙。

长冈笑着说："老师们都很好，但他们教的都不是能养活人的技能，而是类似于'成为传播媒介'这样的东西，哈哈！"

长冈和父母生活在一起，也换过几份工作，但他总是跟社长或上司发生冲突，每份都干不长。他说：

"我干过营业，三年里做过很多事，感觉自己很不容易。我这个人受不了被人呼来喝去的。"

想来想去，长冈还是想当制作人。经过重新考虑，二十六岁的长冈进入了东京的数字好莱坞大学，和比自己小的人一起，重新学习数码基础。之后，他主导了影像项目"Miru"，拍摄了有三千人入镜的一分钟视频，开始在各种活动上发表作品。当时，他的创作主题是"影像中的俳句"。与此同时，他住在墨田区京岛的废墟里，创作以当地老人为主角的纪录片。

尽管 Miru 获得了一定知名度，但因为始终没有找到盈利模式，项目三年后就中止了。之后长冈进入了专门制作环境类影片的媒体 Green TV Japan 当创作导演。但因为在一个项目上跟社长意见对立，仅仅一年就辞职了。那时，他已经三十多岁了。

二十几岁时的长冈，一直在理想和现实间徘徊。但在探访神山后，他发现了自身的价值。给他这个机会的，正是 Blue Bear Office 的汤姆·文森特。

"考虑从 Green TV 辞职的时候，我找一起喝酒的汤姆商量。他说：'你辞职吧，来当我的小白鼠。'"

那时，汤姆在神山的旧民居开设了自己的工作室，吸引一些优秀制作人的计划也逐渐成熟。他想让长冈来做第一个试验品。汤姆说："他那会儿真穷，连长途汽车票都是我给买的。当然，房租免费。"

于是，二〇一〇年十月，长冈去了神山。

长冈一开始只计划待三个月。但是，三个月成了一年，一年成了两年，不知不觉，他就在神山住下了。虽说这与结婚、妻子怀孕也不无关系，但意外地找到了拍摄的主题才是最主要的原因。

"留在神山，是因为想拍这个人的故事。"

长冈边说边打开了一段视频。

出现在电脑屏幕上的是一位正在抽烟的老妇人，她不知在想着什么，拧开燃气热水器的开关，把下巴凑到热水器的火苗上点着香烟。这是一个仅二十四秒的视频，主人公探身只为特地点根烟的姿势并不多见。片名叫做《阿纱》，阿纱住在神山，原是开理发店的。

要说在当地找人商量事情，就一定会提到她。阿纱已年过八十，但现在仍会听居民们的倾诉。她对这里的一切了如指掌，从来不说违心话。经过一段时间的接触，长冈为阿纱的人生经历和不可言喻的内涵深深着迷。后来出于偶然的机缘，长冈又搬到了阿纱家的对面，就开始静下心来拍摄她的故事。

"影片目前把阿纱定位成神山的和事佬。如果硬要给她一个分类的话，就是朋友或亲人。阿纱嘱咐我，一定要在她死之前把片子拍完。"长冈笑着说。

为什么那么多人到神山后就变得更有创意了呢？原因之一，大概是在神山，有很多想描写、想拍摄、令人感兴趣的对象。找到了主题，人生就不再迷茫。

在《产土》中看到自己的极限和能力

虽然找到了理想中的拍摄对象，但长冈依然没有收入来源。为了糊口，他开始和绿谷共同筹办一个项目。他们决定组织一个名为"与森林共生的生活方式"的探访商队。这是一个支持可持续发展的项目，也是二〇〇五年以"爱·地球"冠名的日本世界博览会的成果之一。

他们遍访各地的山村，把当地的文化习俗收录进影像，长冈还和国外的影像制作人一起，从国内外两个不同的视角拍摄正在消失的地区及其日常生活。

他们的拍摄地有旧木头村（德岛县那贺郡木头）、远山乡（长野县饭田市）、奈良田（山梨县早川町）、羽黑町·饭丰町（山形县）、旧柿木村（岛根县吉贺町）、久高岛（冲绳县）；海外招募的创意人才来自法国、新西兰、新加坡、马来西亚、英国。其中，在远山乡和奈良田进行拍摄的正是移居神山的艺术家鲁弗斯·沃德。

搬来神山后，长冈偶然在神山町农村环境改善中心的图书馆里看到了民俗学家野本宽一的著作《地灵的复权》。一直对民俗学感兴趣的长冈如饥似渴地读完了整本书，又听取了野本本人的意见，从而萌生了一个构想——以国内外两种视角来描绘逐渐消失中的村落。随后，他和神山塾第三届学员川口泰吾等人一起，用一年的时间寻访了六个地方。

在羽黑町，和山里的修行者一起爬月山；在奈良田，拍摄古老的祈雨仪式；在远山乡，踏足隐匿在森林深处的底稻集落；在久高岛，拍摄消失已久的祭神仪式 Izaihoo[①]背后的故事；在木头村，则亲眼见证了荒废的山林和森林的沙化。在此过程中，他也和聘用的国外创作人起过冲突。

选这六个拍摄地点纯属偶然。长冈笑着说：

[①]久高岛上的神女（女性神职人员）就职仪式，每十二年举办一次，满三十岁的已婚女性即有资格成为神女。

"它们之间并没有什么联系，我们的预算也不充裕。每个人分头选择采访对象，结果就成了现在这样，哈哈！"

就像长冈说的，他们采用的是拉网式取材方式，不管怎样先去当地，在拍摄过程中寻找关键人物。

在冲绳久高岛拍摄时，起初并不顺利。后来，工作人员随机采访了一位男子，本来只是想随便聊聊，却发现这个人正是他们想找的关键人物的亲戚，事情这才有了转机。而"产土"这个包含林业、修行者、祭神仪式等毫不相关主题的片名，也是在题目遭遇难产的最后时刻想出来的。

尽管获得了一定补助，长冈的生活依然拮据，只好接一些杂志或宣传活动视频之类的零活勉强维持生计。他说：

"补助金是事后报销的，拍摄期间真的很困难。为了筹钱，我连选举用的视频都做了。"

虽然过程无比艰辛，但通过《产土》，长冈看到了自己的极限和能力所在。

长冈深信，坚持拍摄村落的祭祀和森林很有意义。但把这些东西拍下来并不能阻止村落的消失，他找不到解决办法，只能以一个旁观者的身份苦苦思索残酷的现实。

而当地居民仍深陷人口减少的泥潭中，几乎看不到希望。此前长冈并不悲观，他怀揣希望拍摄了《产土》，但之后却意识到，这可能只是不理解现实的城里人天真的好奇心罢了。《产土》让长冈产生了深深的无力感。

同时，他也再次认识到了影像的力量。

二〇一三年十一月，长冈的养父去世了。养父生前眼睛不好，眼前的东西有百分之八十看不见。但长冈把《产土》的DVD拿给他后，他每天都看，直到去世那天。长冈对自己的作品并不满意，如果可能，他会全部重做。但毕竟有人从视频里有所收获。他告诉我们：

"在加拿大上映时，有人给了我一万三千日元，希望我能把《产土》拍下去；在英国达廷顿上映时，汤姆的父母亲友热情地给我们庆祝，让我看到了像星星之火一样的东西。该怎么说呢，这是前所未有的体验。

"这个活动一定要继续下去。我们在不同地方受到了形形色色人的照顾。但村落的老龄化也在不断加剧，特别是那些八九十岁的老人，他们的时间已经不多了。而我还有很多很多想做的东西。"

如今，长冈投入到了《产土》第二辑《产土·坏》的制作中。这一次的拍摄地是静冈、福岛、东京、千叶、德岛、福井这六个地方，以及"产土"这一词语的来源地——敦贺半岛的产小屋。二〇一三年，《产土》又一次拿到了补助金，这与影片大获好评不无关系。

拍下每一块孕育人类的土地。这项工作没有尽头。

长冈桌上的光盘里，刻着很多阿纱的画面。

"光盘里估计有1T的数据。我没什么技术，总觉得无从着手，但对这片子的制作还是很有信心。"

长冈笑着说。估计很快就会着手制作了。

做能做的事就好
年轻巡礼者们的安身之地

并非所有来到神山的人都有一技之长或知识经验，他们之中也有不少人还不清楚自己能做什么就来了。这些人就是神山塾的学员们。

神山塾是绿谷开展的一系列就业培训的通称，作为厚生劳动省推进"求职者支援制度"的一环，针对无法领取就业保险的求职者办讲座，策划活动，以使他们掌握自立的本领和技能。

神山塾的学员年龄集中在二十五至三十九岁，他们中有以打零工维持生计的自由职业者，也有从大企业辞职的人和刚毕业的大学生。迄今为止，这里已送出了六十二位学员，令人惊讶的是，他们之中有二十八人留在了神山。如今神山塾已经办到第六届了，这一届有十四名学员。

绿谷负责神山塾运营的祁答院弘智说："日本很多地方都有就业培训，但还没有哪里能像神山一样留下这么多人。"

当然，因为是职业培训学校，所以有各式各样的学员。像染昌的第一届学员泷本昌平，是为了在神山开染坊才入学的。还有不少人是不知道自己想做什么，或者想要寻求改变才来参加培训的。

突然换个环境试试看

Eleven 餐厅的店主神先岳史就是其中之一。神先出生在京都，二〇一二年四月，二十六岁的他参加了第三届神山塾培训。

高中毕业后，神先一边上大学，一边在大阪一家有名的创意日料店打工，在那里工作得很开心。大学毕业后考虑正式求职时，他遇到一个想在越南为当地日本人发行免费报纸的人，并收到了这个人的创业邀请。于是，二〇一一年五月，有意在东南亚工作的神先接受邀请，去了越南。

但神先的越南生活仅仅一个月即告结束。他告诉我们："那人说是要发行免费报纸，但设计人员什么的都没有，他自己也从没做过发行，每天就会朝我吼'你去做！'……我实在是受不了了。"

因为办公室和住所是一起的，他得一直和上司待在一起，不能自由外出。对这些事情，神先没有多说，但听来应该就像被软禁一样。最后，他逃了出来，离开了越南。回日本后暂时住在了移居到山形的父母身边。

在山形县，神先曾帮忙做些有关当地传统美食的交流活动，但在这样的工作中什么都学不到。神先想要有所作为，在浏览东京仕事百货网时，他偶然看到了神山塾招募学员的公告。东京仕事百货是发布招聘信息的网站，除了提供薪酬、工作时间等基本信息，还会介绍当地员工的工作情况，以说明工作的具体内容和工作环境。

网站介绍说，在德岛县的深山里有一个聚集了很多外来人口的

在梅星茶屋开意大利餐厅的神先。

神山町。神山塾培养了很多人才，而且策划运营了很多以艺术形式搞地方建设、空房的重新利用、造林、造梯田等植根于当地的活动。神山塾的开学时间是二〇一二年四月，为期半年，为学员提供合住的宿舍。

无论如何，神先都想自己做生意。他盯着屏幕想：如果在神山塾努力学习，说不定能积累一些对未来有用的经验。更重要的是，继续现在的生活是看不到什么未来的。也许神山塾能成为改变的契机。争取用半年时间，在神山塾有所作为。

同样，在梅星茶屋开设 Kabachiya 广岛烧店的神山塾第四届学员国本量平也是由于不满于现状，为寻求改变而来到神山的。

从东京的美术大学毕业后，国本进入了一家销售厨房器具的公司工作。工作内容是根据餐馆的厨房环境进行产品提案。在这样一份平凡的工作中，他感觉不到意义和价值。于是，日本"3·11"大地震的两周前，国本辞掉工作，回到了老家广岛。

回家后，国本在市内一家餐馆打工，但总觉得心头像罩着厚厚的乌云般阴郁，怎么也开朗不起来。他喜欢在餐饮业工作，也有心继续下去，却总觉得这里好像也不适合自己。那么，到底应该去哪里呢？国本一直不断地问自己。终于，他决定干脆换个环境试试。

于是，国本和朋友去了泰国的龟岛。一方面是度假，同时看看在那边能不能做些什么。他说：

"现在看来是在逃避现实。我在那里待了五个月，和当地人合伙国本说："我是工作最多的那个人。"

开了个餐馆。"

在龟岛时，国本听说了第四届神山塾招生的消息。实际上，他在广岛就看到过东京仕事百货网上的第三届神山塾招生信息。向往乡村生活的他当时就有点心动。但因为那时无法辞去餐馆的工作，没能赶上第三届的培训。

因为不确定神山塾还会不会有下一届，国本便去了泰国。这时，第四届神山塾开始了，培训时间从二〇一二年十一月开始。国本觉得，想要有所转机只有抓住这个机会。于是，二〇一二年九月，他下定了参加的决心。国本笑着说：

"我过去对组织活动完全没有兴趣，只是觉得可以去过一过乡村生活了，哈哈。"

在神山塾的生活非常充实。十一位同届学员的年龄从二十三岁到三十六岁，这种体验也是前所未有的，大家从没和这么多背景迥异的人同吃同住过。通过儿童自然课堂、造林等活动，各种各样的人一起平等地发挥自己的能力，相互合作的氛围也让人耳目一新。

直到结业前，国本还打算回山口县的祖母那里。祖母家有稻田和菜地，他只是单纯地想在那里务农。没想到和同学、前辈们一样，他也留在了神山。

人生只在自己足迹的延长线上展开

对樋泉聪子来说，她没有神先和国本的紧迫感。

樋泉是第一个把住民票迁到神山的。

樋泉喜欢旅行，在与万代南梦宫有合作关系的企业工作时，一有时间就会出去旅游。周末就去乡村拍拍照或去东京以外的地方看艺术展。日本"3·11"大地震发生时，她正在泰国考按摩师资格证，日子过得很是潇洒。

　　她去过很多地方，但逗留最久的也就一个月左右，从没在旅行地安定下来过。二十几岁时也曾想过去东京以外的地方生活，于是，她开始在国内外的遥远海岛或自己从未去过的地方寻找落脚之地，就这样，她遇到了神山塾。

　　樋泉说："当时，我不时会上东京仕事百货网看看。然后就看到了神山塾的招生信息，觉得很有趣。那时完全不知道神山在哪里，还用谷歌地图搜了一下！"

　　樋泉对神山毫无了解，查了资料才知道神山以艺术家进驻项目等一系列自发活动而广受关注。她觉得，在有先进经验的地方学习地区建设也不错，就报名参加了第二届神山塾。

　　那时的樋泉做梦都没想到自己会在神山一直住下去。但在二〇一一年十二月，神山塾的培训结束后，她就把住民票迁到了神山。对此，她说：

　　"第一，是我想领略这里的四季。神山塾的课程只有半年，如果再待半年，我就可以完整度过神山的春夏秋冬。这里的人也很好，我借住在岩丸家里，现在已经相处得像一家人。其他人也很包容，性格很开朗，对我非常好。我都不想回东京了。

　　"还有，这里遇到的人都很特别、很厉害。像隅田、长谷川这样的人，我在东京是遇不到的。但一来到神山我就觉得这里很亲切。这就是神山的魅力吧。"

现在，樋泉作为绿谷的一员，负责卫星办公室的宣传活动，同时担任大南的秘书。因为卫星办公室的运营已步入正轨，德岛县划拨了广告宣传的经费预算——尽管只是暂定的。也因为有了预算，大南才能聘用樋泉。樋泉也已经租下了房子，准备在这里生活下去了。

同样，国本也觉得这才是适合自己的地方。

前面说过，国本在毕业两周前打算回山口县祖母家。但只身前去，所有人际关系都要重新构筑。相比之下，他在神山学习时已经积累了一些人脉，而神山町本身也有着稳定的社交网络，这能够让人获益良多。最重要的是，他已经喜欢上了这里。

但在这里生活就要有基本的经济来源。那自己能做什么呢？经过反复思考，国本最终锁定了广岛烧。

神山的夜来得很早，能和朋友一起喝酒的地方也很少。而国本出生在广岛，会做广岛烧，又喜欢餐饮业，所以他想不如开一家能喝酒的广岛烧店吧。于是，他向梅星茶屋借用了场地。如今，他一边经营自己的广岛烧店，一边帮长谷川照料 On Y Va 咖啡店。他说："怎么办呢，同学里没有比我干活更多的了。"

那么神先的现状如何？

进入神山塾的神先，似乎要把之前浪费的时间全都补回来，开足马力投入到学习中。他一来就在神山町举办的活动上摆摊卖法兰克福的葡萄卷。听说来神山的第二天，他就向主办人咨询摆摊的事了。

后来，他还开了家每天推出限定商品的甜品店。他说：

"我想从力所能及的事开始。法兰克福的东西很好卖啊。"

二〇一三年一月，神先在梅星茶屋开起了意式餐厅 Eleven。营业时间是每周二、三、六的中午。神山没有意大利人，因此餐厅菜单以提供充满异域风情的意大利面为主。就这样，神先的 Eleven 和国本的 Kabachiya 一起让梅星茶屋发展成了共有饭馆。

如今的神先以三十岁前创业为目标，同时推进着十一个项目。正如他在从神山塾结业时发誓要实现的，目前有 Eleven、送餐服务、"神山青年人峰会"等七个项目正在运作之中。"神山青年人峰会"是为了联结当地人和移居的年轻人而组织的聚会，由神先主持，每月举办一次。

神先说："除了做料理，我没其他赚钱的本事，所以现在入了餐饮业，但并不是说非做餐饮业不可，只要是把人和人联系起来的事我都乐意去做。"

年轻人有梦想是非常好的事。但有时正因为目标太过远大，反而不知该如何行动。神山塾的前辈们用行动告诉我们，能在现有的能力范围内一步步前进就很了不起了。

神山的职业还在不断地增加，远远没有饱和，想在这里生活，只能靠自己的能力。通过在神山塾半年的学习，神先意识到，原地踏步是不会看到新出路的。

诚然，人生只在自己足迹的延长线上展开，不同的足迹指向不同的目的地。但如果不想向前走，就永远不会出现新的选项。一往无前，这一点至关重要。神山塾的学员们就这样踏着自己的步伐不断前进着。

没有实现的约定

如今，神山塾吸引着许多迷茫的人来敲开它的大门，迈向新的人生。

第三届学员桥本泰子从神山塾结业后，和同届的川口泰吾、佐藤浩幸一起，拍了一部名为《那一天，在森林里……》的纪录片。这是一部挖掘七位神山人真实生活的纪录片，称得上是一部神山版的《世代相传——聆听山岭的声音》。《世代相传——聆听山岭的声音》是二〇一一年上映的长篇纪录片，记录追踪四名被称为"森林名人"的高中生的人生。

桥本拍摄这部片子的初衷源于一位重要的人物的离世。

大学毕业后，桥本根据所学专业从事了儿童教育方面的工作，一开始她是在相关培训公司负责研修住宿，通过露营等野外活动让孩子们感受大自然的乐趣。之后，因偶然的机缘，桥本去了北海道的旭川，做过小学辅导员、幼儿园老师等工作。

北海道的生活虽然充实，但她一直牵挂着在德岛市独居的母亲。大学毕业的第二年，父亲去世了。从那以后，母亲就一直是一个人。桥本也非常热爱小时候常去玩耍的森林和河流，不管怎样，她都想回德岛和母亲一起生活。

桥本说："想把现在还有的声音留下来。"

那么在北海道打下的基础、积累的人脉，这些真的都要完全舍弃吗？桥本很是犹豫。她并没有自信能在德岛从零开始建立起北海道这样的人际关系。留在北海道还是回德岛——桥本一直不停地追问自己。

她觉得，在北海道认识的人真的都非常优秀……要和他们分开确实很不安。

就在她犹豫不决时，一场邂逅促使她下定了决心。她遇到了姬野雅义。

姬野因为领导了吉野川建设可动堰①的居民投票运动而闻名全国。政府在没有通知民众的情况下制定了规划，要把约有二百六十年历史的"第十堰"毁掉，重新建设可动堰。对这项规划持怀疑态度的姬野领导当地居民进行投票，最终于二〇〇〇年一月，用投票结果促成了该项规划的冻结。

其实去北海道之前，桥本就已在学习会等场合见过姬野。两人有段时间没有联系。二〇一〇年桥本回德岛时，偶然又和姬野有了交流。桥本把自己对河流、森林和孩子的想法告诉了姬野。姬野很是赞同。他说：

"我跟桥本聊了好多，劝她回德岛，跟我一起开始下一步的工作。"

居民投票结果搁置了第十堰的可动化计划。前国土交通大臣、

---

①障碍设施高度可调整的堰，相对地，障碍设施固定的堰称为固定堰。

民主党的前原诚司明确表示："不再考虑可动化这一选项。"二〇一〇年五月，民间非盈利团体吉野川住民会解散，姬野逐渐把工作重心转向了第十堰的保存。桥本正是在这个时候再次遇到他的。

收到自己敬重的姬野的邀请，桥本很是心动。虽然第二步计划是什么还没有具体说明，桥本就已经开始考虑自己能做的事了。于是她回到北海道，和熟识的艺术家一起，开展了有关森林与人的活动。她觉得，现在自己可以告诉姬野能做什么了。

"我想把那次活动的画册送给姬野。那是我尽全力做出的成果。"

但画册最终没能交到姬野手里。桥本的活动刚开始不久，姬野就在钓鲇鱼时意外落水离开了人世。

桥本一直在想，姬野到底想和自己一起做什么。二〇一二年，她受邀加入北海道一个新建幼儿园的项目，但项目中途夭折了。以后自己该做什么呢？暂时失去目标的桥本回到了老家德岛。

正好这时候，高松举办了四国地区的青年聚会。桥本觉得反正在家也想不出什么好办法，就去参加了活动，在那里认识了负责神山塾运营的祁答院弘智。她完全向祁答院敞开了心扉，告诉他自己出生在德岛，喜欢森林、河流和孩子，现在对是否回到德岛很迷茫。祁答院说：

"反正也不知道怎么办，不如来神山塾待半年吧。"

当时祁答院在为第三届神山塾招生。对桥本来说，神山是有别于大本营北海道和故乡德岛市的中间地点，自己小时候也常来玩，这里还有中嶋惠树的妻子、乐音乐日的宫城夫妇等熟人。于是，桥本决定去神山看看。

"我一直以为自己只有北海道和老家德岛市两个选择。是祁答院告诉我还有第三个选择……跟他聊完以后，我一下子开朗多了。"

随后，在命运的推动下，桥本开启了新的人生。

每月四十万元的收入一分都没有了

桥本来到神山后做的第一件事，就是策划《世代相传——聆听山岭的声音》在神山的首映式，这是她离开旭川前看过的一部电影。因为遭遇老龄化和城镇化，各地的传统技艺和智慧都在渐渐消失，影片拍摄者用影像把这些东西记录并保存下来。桥本为之深深感动，想要把这部电影带到神山。其实，绿谷考虑过在神山播放这部电影，但因为找不到合适的时机而一拖再拖。

桥本说："在神山，我好像真的看到了《世代相传——聆听山岭的声音》的画面。跟导演约时间这些事情都是绿谷的工藤桂子帮忙做的。"

接下来，桥本开始了实际的采访和记录工作。姬野去世前的想法、与姬野的约定，以及父亲的教诲，是她坚持下去的动力。

小时候，喜爱户外活动的父亲就经常带着桥本游历德岛的山山水水。不止一次，是记忆中的风景帮助她渡过难关。置身于大自然中，她找回了自己，但带她走向自然的父亲已经不在了。时至今日，她依然有疑惑想向父亲寻求答案，但已再也无法听到父亲的教诲了。

祁答院支撑起了神山塾。

"正像姬野和父亲，人一旦离开就再也听不到他们的声音了。因此，我想在他们还活着的时候把声音存留下来，传递给在世的人。还有，能让人们意识到鲇喰川的水量正越来越少，山野正被荒废这些事实，也是一件好事。"

从神山塾结业后，桥本担任了由长冈推进的与森林共生的生活方式探访商队项目的秘书，在绿谷工作了半年。之后，作为日本总务省的"地域振兴合作队"的一员加入神山町当地政府编制，并被派驻到绿谷工作。二〇一三年秋天，她和神山塾的一位学员组建了家庭，翻开了在神山的新篇章。可以说，神山塾汇集了许多迷茫的人，是让人生重新开始的地方。

至少，神山塾的"老大"祁答院是这么认为的。

祁答院具有与生俱来的远见卓识，大学毕业后，他却进入了德岛市一家房地产公司上班。生活虽然安定，但在第二个孩子出生时，内心隐藏多年的问题又冒了出来——自己真的想在公司里上班吗？如果一直这样当个上班族，又能给孩子留下什么呢？除了能攒下一点钱，他还想留下些别的东西。

于是，祁答院开始寻找创业的切入点。他的目光停在了地方自治团体商业上。

祁答院发现，随着老龄化和人口的减少，德岛市的商业街渐渐凋敝，成了"关门街"。他也知道这是整个社会的变化，无力改变。但正因是个难题，所以如果能重振商店街，也许可以获得回报，给孩子们留下些"未来"。

于是，还是上班族的祁答院开始召集当地大学生到市中心举办活动——发掘德岛当地的青年艺术家和有趣的娱乐节目，通过展示活动把地区和年轻人联系起来的"Begina Vista"项目。

他解释说："'Begina Vista'的意思就是'菜鸟，展翅高飞'。我这个大叔和大学生们一起策划的活动效果还不错啦！"

正如祁答院所言，活动吸引了很多年轻人，以及更多的赞助费。坚定了信念的祁答院从公司辞职，二〇〇八年二月，正式成立了Relation公司。

但是，只能吸引年轻人的活动还称不上真正的"生意"。祁答院说："我这三年里都没有收入。"

虽然有一定赞助，但往往活动经费就要花去一大半。

祁答院和妻子约定，"干三年，如果在地区建设上赚不到钱就收手不干了。"然后一头扎进了自己的工作中。但那时的他对前景完全没有把握。二〇一〇年，第三个年头快结束的时候，他终于得到了运作神山塾的机会。

虽然之前知道这个地方，但那时祁答院和神山基本没什么交集。偶然一次，他在报道中看到了工作进驻项目，为其理念大受震动，第二天就给这边发了邮件。从那以后，祁答院开始往来于神山，参加植树造林、梯田再利用的活动。这个机缘让祁答院获得了运营神山塾的委任状。他说：

"因为我想参与到神山的地区振兴活动里来，就给绿谷发了邮件。他们回信说'来吧，挺好的'，哈哈。至于运营神山塾，跟我这位有职业规划咨询师资格证的妻子关系很大。"

但追逐梦想的结果，是夫妻间产生了裂痕。

祁答院原本每月四十万元的收入现在一分都没有了。白天要汗流浃背地种不值什么钱的稻子，晚上还要和年轻人一起闹。在既要赚钱养家，又要照顾两个孩子的妻子心里，不满越积越多。而且，即使确定了经营神山塾，也不一定就能赚钱。

"实际上，我们商量着等老大上中学了就离婚。今年（二〇一四年）四月老大就要上中学了。我也没资格再说什么了。"祁答院苦笑着说。

但他的脸上并没有流露出后悔之情，相反，他正开始朝着新的目标前进。这个目标就是把神山塾的模式推广到德岛的其他地方。

"虽然别的地方没有大南，但总有像他这样的人，岩丸、粟饭原这样的地区领袖也确实存在。因此我觉得，可以用同样的组织形式把年轻人吸引到当地来。"

来到神山，祁答院恐怕失去了很多，但是，他也相应地得到了很多。就像在参拜途中磕磕碰碰的人那样，终于开启了新世界的大门。

看看神山塾的学员们，就会觉得神山塾是一个多么不可思议的地方。他们通过重新审视、理解自我，迈出了新的人生步伐。可以说，这里让他们重焕新生。汇集了移居者的神山——通过神山塾的学员，我们就能看到现实中的很多东西。

Chapter ③

激发创造性氛围的真面目

绿谷缔造神山过程中的奇迹和轨迹

无数艺术家和创意人涌向了德岛县一个偏远乡村。

创造与再创造。

其原动力，来自当地的公益组织绿谷。

为什么能吸引那么多的移居者？

让我们通过绿谷和其成员们走过的二十五年历程，

来揭开这种氛围的真相。

眼前这一幕是真实的吗？大南信也突然这么想。

仅仅十几年前，神山还是一个根本见不到什么艺术家的普通农村。没有年轻人愿意搬来住，留下的只有年迈的老人，当然也得不到媒体关注。这里就像细胞正一个个死去的肌体，渐渐丧失了机能，沦为随处可见的人口稀少地区。

再看现在呢？才华横溢的创意型人才到这里定居，一大批的商业精英活跃在这里。每天都有媒体关注，想来这里生活的声音不绝于耳。甚至有人怀疑，这么活跃"是不是有点过头了"？

当然，这并不是绿谷的全部理想。"让日本的乡村华丽变身"的使命只完成了一小部分，日本西海岸农村建设的美好憧憬也还没实现；老龄化程度加剧、逐渐走向衰退的现状也并没有得到实质性改变。但看着聚集到神山町的人才，大南几乎不敢相信这是真的。

被世人关注的同时，也收到了越来越多人的疑问：为什么移居者增加了呢？表面上看，大概是在全社会探索新的工作方式的背景下，绿谷推进的工作进驻、卫星办公室等项目顺应了趋势。完善的IT 基础建设和邻近德岛市的地理位置，也是促使移居者们选择这里的有利条件。

但我觉得这些不过是表层原因。神山正一步步变成一个充满创意、重启人生的地方，也许这是大家一开始并没料到的吧。那时候，大家只是全力去做自己力所能及的事，在其中获得乐趣。反反复复中，造就了今天的神山。所谓结果，正是细小过程的积累吧。

绿谷的成立便是如此，也是从一些极细小的事起步的。

PTA 促成了国际交流

一九九〇年四月，担任神领小学 PTA 组织者的大南信也看到了一个摆在学校走廊里的装饰洋娃娃。收纳娃娃的箱子上写着"和平使者 美国御人形函 昭和贰年叁月廿贰日"的字样。他想起自己读小学时曾听说过，神领小学有一个很珍贵的娃娃。

不知为什么，大南被眼前的娃娃吸引了。

二十世纪二十年代后期，世界经济形势日益恶化，随着美日间逐渐交恶，美国掀起了排斥日本移民的运动。对此深感痛心的传教士悉尼·古立克提议通过娃娃来促进交流。在他的呼吁之下，有一万两千七百三十九个娃娃被捐赠到日本各地的小学和幼儿园。送到德岛县的有一百五十二个。

但太平洋战争爆发后，这些娃娃被视作邪恶英美的象征遭到破

态度温和、行为举止时尚的大南。

坏，几乎是全部被毁。

战争结束后，调查发现德岛县境内的神领小学还留存着一个娃娃，据说当时一位女老师在危急关头把它藏进了储物室才得以留存。如果这件事被发现，女教师可能被当成卖国贼，自身难保。但她觉得娃娃是无辜的，才冒着风险将它保护下来。

仔细看来，娃娃拿着一本护照。护照上写着"爱丽丝·约翰斯顿"的名字。

"会是谁送的呢？"大南想。

赠送时间已经是六十多年前了，如果那时的赠送人是个孩子，如今他可能还在人世。历经时代动荡，娃娃依然被保存在这里，这是怎样的缘分呢？于是，大南开始寻找娃娃的主人。

他先是给护照上的出生地——宾夕法尼亚州威尔金斯伯格市的市长写信，拜托他帮忙寻找娃娃的主人。半年后，他们查到爱丽丝的"妈妈"就是住在威尔金斯伯格市爱丽丝·约翰斯顿女士，她已经去世了，但家人还活在世上。

大南想，要是能让这个娃娃回到故乡会很有意义吧。于是他和PTA其他组织者——岩丸洁、佐藤英雄商量。岩丸比大南大五岁，佐藤也比他大一岁，但三人的孩子同岁。他们觉得：

"没有人不思念自己的母亲和故乡，娃娃也一样，要是能让这个孩子回家就太好了。"

"有意思，这个好。"

虽然把偶然发现的娃娃送回美国的主意有些突然，但对此很感

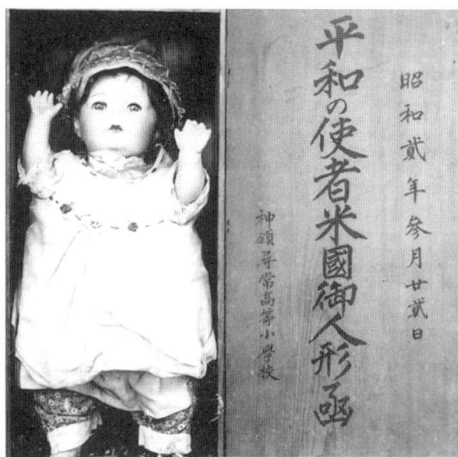

为大南创造了契机，流传至今的蓝眼睛爱丽丝。

兴趣的岩丸和佐藤马上同意了。他们邀请平时玩得很好的森昌槻等人一起，成立了"回到故乡美国推进委员会"，和三十位居民一起，把娃娃送回了家。那是一九九一年八月，大南三十八岁。

这个承载着日美两国激荡历史的娃娃回到了故乡威尔金斯伯格市，受到了当地人热烈欢迎。作为对蓝眼睛娃娃的回礼，高知县的孩子们还赠送了日本娃娃"Miss 高知"，和爱丽丝一起，在卡耐基自然历史博物馆特别展出。

大南说，美国的报纸用了整整一个版面报道这件事，非常隆重。

先不说大家想不想去做，送娃娃回美国这件事本身并不难。在旁观者来看，这一举动可能不值一提，但面对当地人超乎想象的热情，推进委员会的成员们依然有着小小的成就感。

有了这次成功经验，大南想要更进一步地促进国际交流。于是，在一九九二年三月，他组织成立了"神山町国际交流协会"，自己担任会长（该协会在二〇〇四年改组成为非营利性法人组织绿谷）。核心成员除了大南，还有岩丸、佐藤和森，一共四人。大南说："农村地区的国际交流比较少，因此想借机做些这样的努力。"

后来，美国也成立了"永远的友情委员会"，并在一九九二年由宾夕法尼亚州派遣使团访问德岛，继续着两地间的交流。

探索可能的方法

送娃娃回家的活动成功后，这几位好朋友便继续他们的地区建设

经营五金店的佐藤是移居者强有力的伙伴。

活动——接下来做的事情，是接收语言教学助理（Assistant Language Teacher, 简称 ALT）。

ALT 是在日本中小学对本国英语教师进行指导和帮助的外籍助教，目的在于改善学生的发音、增强国际理解等，由教育委员会派到各个学校。此前，助教需要先接受培训，再向国际交流协会申请获得教师资格。岩丸说：

"接收外籍教师，初衷是为了孩子们，但后来我们发现了更有趣的部分。身在农村，神山人和外国人接触的机会很少。如果能有 ALT，对孩子们来说会是很好的体验。"

定下了促进国际交流的主要目标，国际交流协会安排来培训的老师们住在当地居民的家里。欢迎会也模仿当时威尔金斯伯格市的形式，采用自助餐，方便大家三三两两地自由交流。

国际交流协会的成员们为了保证充足、舒适的住宿四处奔走，最终获得了培训者的一致好评。自此，交流协会就一直接收 ALT，持续到了二〇〇七年。

佐藤眯眼笑道："我和大南、岩丸三个人对着名册查住宿，太不容易了。"

一九九七年，又一个机遇出现了。德岛县制定的新一轮长期计划公布了设立以神山町为中心的"德岛国际文化村"的构想。

这个构想是德岛县提议的，原本和国际交流协会没有任何关系。但大南认为他们也要提出自己的具体方案。

对县里的一级项目，要考虑到国际文化村十年、二十年后的管理和运营得由当地人负责。如果到时候还只是按上级安排的老一套去做，就无法更好地适应和发挥作用。因此，要建立植根当地的国际文化村，必须搜集提炼当地居民的想法，向县里提案。

抱着这样的想法，也为了让更多居民参与进来，大南组织成立了"国际文化村委员会"。经过讨论，他们决定开展两项活动，即卫生包干项目和神山艺术家进驻项目。

大南回顾说："我一直觉得，开展一项活动的未来很难预知。这次却恰恰相反。就是说，先是预见了十年二十年后的样子，再考虑为实现这一目标能做些什么，由未来推动今天。"

卫生包干项目是把公路分成几个区域，组织沿路的居民承包打扫。一九八五年，美国得克萨斯州的交通部门开始委托沿线居民清扫维护高速公路，并在此后，扩展到全美国的道路、公园、河流等。日本的这一项目也从一九九八年起由神山向全国推广。去神山的路上，每两公里就能看到一块写着区域范围和承包团体名称的牌子立在道路两旁。

大南是一九九八年听说这个项目的。

驰骋在美国旧金山郊外的免费高速公路上，会不时看到写着"Adopt A Highway"的牌子。仔细看还会发现这些牌子上面"清扫由此向前两米内的垃圾"字样和团体名称。"Adopt"的本意是"收养"。

"原来清扫高速公路可以委托给民间志愿者啊。"

了解到这一事实，大南觉得日本应该也可以实践，他一直把这个想法放在心上，并决定把它引入神山。他说：

"一来觉得，既然要被冠以'文化'之名，到处是垃圾就太不像话了。二来，作为孕育文化的地区，在人们心里建立平时不乱扔垃圾的意识也是不可缺少的。"

路边立着的"日本最美城市"标牌只是为了形象推广。真正重要的是，能让来这里的人觉得"跟别的地方不一样""这里很特别""说起来这里的路上都没有垃圾啊"，能让每个人都有这样的切身感受。在大南看来，大家亲自清扫街道大概是身处"文化村"的一种责任。

但落实这个想法，除了思维方式的差异，还有很多其他阻碍，比如是否符合道路法的规定。

大南等人去县政府咨询，道路保全科的人很为难地说："把赞助人的名字写在指示牌上，这种做法可能和道路标志不能用于商业活动的规定相抵触。"又建议道："如果立在私有地可能就没问题了。"随后补充说："还必须讨论这是否符合县里的广告条例。"咨询相当于没有进展。

大南一心要把这项工作推进下去，决定把指示牌立在道路沿线的私有地里。同时，有意识地在公路区域立广告牌，把活动情况透露给媒体。毕竟这是一件比较超前的事，他很想引起舆论关注。之后，又经过协商，县里终于允许他们在非营利的条件下，在道路区域设立标志牌。

纵观整件事情的始末，大南绝不会因为一时行不通就放弃，而是始终在探索可行的方法。不犹豫不踌躇，遇到困难就笑一笑让它过去。

以前的确有过很多失败的实例，罗列失败的原因，往往会削弱人的意志，此外并无更多的用处。彻底思考可行的办法，抱着"去做就好了"的想法，无论如何先行动起来，这成了绿谷的原动力。

绝对不把事情全部交给外面的人

KAIR 是向国内外招募艺术家，让他们在神山逗留期间进行创作的活动。身处在不同的文化和环境中，通过和当地人的交流，获得新的想法、灵感，孕育出新的作品——这就是艺术家进驻的目的。至今，已有来自十八个国家的五十位艺术家通过这个项目访问了神山。

工作并不复杂，只要能吸引艺术家们来神山就可以。当地居民对艺术家在生活和创作上提供了支持，而艺术家留下了自己的作品，这整个过程非常符合神山倡导的国际交流的目的。考察过其他地方的类似活动后，大南觉得靠自己的力量就能运营起来。于是，他把空置的小学用作工作室，在一九九九年秋天，正式启动了让国内外的艺术家们开展创作活动的 KAIR。

提案人森说："我以前不知道有'艺术家进驻'这个说法，但创意工作者到底是怎样画画、做出东西的，我对这个过程很感兴趣，很想看看。以前如果想去看画还会特意跑到神户、大阪去呢。"

其实，和其他地区的类似活动相比，绿谷开展的 KAIR 有许多特别之处。最大的区别是，艺术家的招募和选拔都由绿谷完成。

KAIR 执行委员会第一任会长森。

从一九九九年开始，KAIR 的惯例是每次招募三位艺术家，其中两位外国人，一位日本人，当然偶尔也有例外。而每年的申请人数都远远超过一百人，选拔委员会要从这些人中选出三个。委员会也有武藏野美术大学的讲师嘉藤笑子等顾问，但由绿谷"自己决定"的做法从未动摇过。

选拔的形式是，选拔委员会负责人根据申请人提交的申请资料为申请人做展示。除了展示申请动机，负责人还要对申请人的风格、过去的作品、在神山创作的作品提案进行说明。这样，大家可以用一致的语言和感受对作品进行判断。

负责 KAIR 运营的工藤桂子说："我们基本是以'如果神山能有这个就好了''想看这个艺术家的作品'这样的视角进行选拔的。"在改善中心二楼进行终选时，经常一天都难以做出决定。

对于活动本身，绿谷也有自己的衡量标准。

其他组织开展艺术家进驻项目，一般会让选中的艺术家来到当地，把他们留下的作品用作当地的旅游观光资源。但在神山，比起作品本身，艺术家住在神山这件事更被看重。绿谷不仅重视有形的作品，更重视艺术家们通过和当地居民、和自然进行交流而创作的无形的"作品"。

在 KAIR 的招募条件里，用日语和英语写着下面一段话：

> 如果你追求完善的设施，神山不是你该来的地方；如果你追求充足的资金，神山不是你该来的地方。但是，如果你想在

日本乡间、在热心的人们之间沟通交流，如果你想参与一个探索人类本质的项目，神山是你该来的地方。

招募条件一反常规，特意强调资金未必充足，但目的是让艺术家们在和当地居民的交流碰撞中激发出新创意、创作出新作品、产生新的观念和想法。比作品本身更重要的，是和当地居民一起成长的过程。

因此，当地居民对艺术家们的照顾是无微不至的。

参加 KAIR 的每位艺术家配有两到三个助手。助手又分别担任着父亲和母亲的角色，"父亲"负责采购木材石料、和土地所有人进行交涉等事务性的工作，而"母亲"提供起居生活上的各种帮助。

森说："担任父亲角色的助手会跟别人说：'那个创作人这么说的，你能帮个忙吗？'这样一来，平时对 KAIR 不怎么关注的人也会跑来帮忙了。"

在建造 Hidden Library 的过程中，森已经为自己的土木经验打下基础。在为外国艺术家提供帮助时，绿谷还充分参考了 ALT 的运营经验。

当然，提供帮助不是当地居民的义务。如果不方便完全可以不帮忙，并不会因此影响到彼此之间的关系。

大南说："我自己就很不喜欢被强迫。"

KAIR 奉行的"当地居民积极参与"的理念也给艺术家们留下了深刻印象。设计了 Hidden Library 的出月秀明这样解释 KAIR 的特别之处：

"我也参加过几次国外的类似活动，神山这里非常不同。其他活动都只是提供一个集中创作的环境，让艺术家同行们进行交流，基本就像一个艺术研究所。而 KAIR 的理念是地域交流，来的人并不都是搞艺术的。

"在农村这种截然不同的环境里创作不一样的作品，很有意义。我自己就创作过图书馆这样的大型作品，很有成就感。绿谷说会借工具给你们，会帮你们一起做，但锯子也没有钻头也没有，画画的墙也没有，果然和一般的进驻项目不一样，哈哈！"

在选拔艺术家或项目运营上，不少自治体会全权委托给咨询公司，而这样就无法在当地积累运营经验了。正因为此，绿谷并不假手于人，坚持自己主导，亲力亲为，一步步实现着他们提出的国际文化村的构想。可见，发挥主观能动性和充满自尊正是绿谷的两大特征。

给我的帮助比想象中更多

与 KAIR 理念不合的做法，绿谷会断然拒绝。

实际上，在 KAIR 第一年运营时，艺术家的选拔由外面美术馆的研究员完成。三位参加者中，两人由研究员选出，一人公开招募。但这种做法导致艺术家在创作时，并不考虑如何满足当地的需要，而一味看研究员的脸色，结果很不愉快。

在艺术家和当地居民的交流会上，一位艺术家曾说：

"像我这样的人，才不会来参加这种没什么名气的活动呢。"

他考虑的是参与选拔的研究员的地位和名声，如果能讨好那位研究员，说不定自己的作品就能在展览会上展出了。这才是这位艺术家来神山的真实想法。对此，大南非常痛心，他说：

"我觉得和艺术家一起创作的过程会很有意思，但这位艺术家的想法总让我觉得哪里不对。"

第一年的活动就这样别别扭扭地落下了帷幕。到了第二年，这种矛盾几乎不可调和。起因还是艺术家的选拔。

第二年选拔时，美术馆研究员推荐了三位艺术家，每一位都很优秀，但一共只招募三人，这样就没有公开招募的名额了。而且相当于所有的事都由专家来负责，这和绿谷的精神背道而驰。

后来，经过激烈的争论，绿谷把研究员推荐的人选撤掉两名，保留了公开招来的人。大失面子的研究员也离开了神山。

无论绿谷还是美术馆的研究员，初衷都是想要提高 KAIR 的含金量。研究员找来的是已经具有一定知名度的艺术家，希望他们用优秀的作品来提高项目的价值，关注点在于作品本身。

与之相反，绿谷并不太看重已有的知名度，更重视艺术家和当地居民之间的交流，着眼于人本身。大南说：

"当地居民当然希望艺术家们能在神山过得开心。"

的确，绿谷看重的不仅是完成作品，而是艺术家能在神山愉快创作的过程。居民和艺术家的交流也因此得以实现。

事实上，这也给神山的艺术家们留下了很好的印象。

二〇一三年十一月，绿谷在寄井座举办了 KAIR 的欢送会，这一年度 KAIR 选出的艺术家尼克·克里斯滕森（荷兰）和阿部纱香（日本）拿着听装啤酒和当地居民说说笑笑（另一位艺术家苏丝肯·罗森塔尔因为家里有事提前回国了）。欢送会完全是绿谷风格，酒水自带，来去自由。

我们采访了穿着和服、正跟大家说说笑笑的尼克，询问他对 KAIR 的印象，尼克两眼放光地说：

"当地人给我的帮助比我想象中还要多。不仅是和活动相关的人，还包括与活动毫无关系的居民。这完全出乎我的意料。

"我是第一次参加这样的活动，感觉实在太奇妙了。明天就要回国了，我现在的心情无法用语言来表达，我一定会想回来的。"

以前的参加者们也都给出了类似的积极评价：

"作为艺术家，自己想做的事情当地都能给予支持，需求和供给很平衡。"玛丽娜·卡瓦略（葡萄牙）说。

"这里提供给艺术家的环境非常好，没什么好担心的。"凯文·叶芝（加拿大）说。

（以上评论选自日本生命基础研究所二〇一一年的调查。）

被用作艺术家工作室的旧下分托儿所里，留下了过往艺术家充满热情的涂鸦。很多人都在活动结束后重返神山，其中三位还移居到了这里。

在欢送会上，艺术家们一边喝啤酒一边谈笑。

当然也有不足，因为把重心放在了作品创作和地域交流上，绿谷在作品维护等方面的意识总体而言比较薄弱。尽管也会对损坏的作品进行修补，但这并没有计入预算。有些作品，比如大粟山上的《沉睡的森林》（斯特里多姆·范·德·莫维，南非），已经腐坏了大半，这件作品是用树枝和树叶制作的，实在没办法修补。

尽管如此，在二〇一三年第十五届 KAIR 招募时，还是有一〇六人提交了报名申请。这也反映了当地人的热情招待所收获的认同和好评。

漫步神山，处处可见艺术家留下的奇妙作品。

晒稻谷的时节，大久保村落很美，村里有座木头搭建的箭楼一样的建筑（《春、夏、秋宝塔》，卡梅伦·霍肯森，美国）；下分小学的展览场上，有幅融合了西洋和日本风格的巨型浮世绘（《神山的日 神山的夜》，伊娜·施奈德，德国）；到神山温泉，就能看到刻画了神山情景的剪纸投影作品《留在这里的东西》（夏洛特·麦高思，英国）。

特别是散布在大粟山周围的诸多作品，幻化成了传统与现代艺术结合的特殊空间。

用无数根树枝再现沉睡的林中人的演出《沉睡的森林》，用青石铺成的茶碗状的作品《As it is in heaven——如天堂的大地一般》（卡琳·范·德·莫伦，荷兰），把螺旋状的金属棒穿透当地青石的《石螺旋》（玛丽娜·卡瓦略）。每件作品，都是过往艺术家在和当地居民交流的过程中创作出来的。

艺术家进驻项目每年都会有所创新。

对选拔出来的三位艺术家，主办方会承担其交通费、生活费、材料费等全部开支。但对于每年都超过一百人的落选者们来说，不少人觉得，"如果工作室费用可以承受，自费也没关系。"

于是，免费提供住宿，只负担工作室部分费用的新制度被引入了。艺术家自己负担交通费用，作品也可以带走。

二〇〇七年，这种负担部分费用的参与形式进化成了"Art In 神山"项目，住宿、工作室等费用完全由艺术家自己负担，参加人数渐渐增长为十几人。虽然收入微薄，但能看到自己出钱支持的项目盈利，这个转变有着重大的意义。

再后来，KAIR又衍生出了神山的造林活动。

这件事起源于二〇〇二年。来访的艺术家未经过山林所有者的同意，就在大粟山进行了创作。大粟山是神山的财产，但同时分属几个私人业主，不能不经同意就随意改造。但等人们意识到这一点时，作品已经完成了，大南只好向所有者道歉，暂时把事情平息。

"可到了第二年，又有艺术家说想在大粟山上创作……我这才考虑正式跟所有者商量。"

最后，作为自由使用大粟山的条件，绿谷要组织志愿者们进行间伐、修枝、除草等山林整理活动。这就是天野洋一推进的建设粟生之森项目。

这个活动的组织形式很独特，参加者要自己交五百日元作为餐费和保险。自己出钱帮别人修整山林，正是把"别人的山"变成了"大家的山"。如今，这样的活动已从大粟山推广到了整个神山町。

着眼于人无疑是正确的选择

随着绿谷的发展壮大，越来越多艺术家之外的人也被吸引至此。

最初到来的是西村佳哲和汤姆·文森特。

西村是一位知名策划总监，从事以网页设计、博物馆展览的策划文案、研究等工作，简单来说就是制作、写作、指导这三项工作。同时，他还在不断研究摸索新的办公模式，出版过《创造自己的工作》等多本著作，为人熟知。汤姆是位常年活跃在日本的创作人，之前已有过介绍。

这两人是在二〇〇七年八月认识大南的。那时，正值绿谷在探索 KAIR 之后的下一个重点活动。早先在二〇〇五年，随着光纤入户的完成，神山的 IT 环境有了质的提升。能不能充分利用这么强大的基础设施开展新的信息产业呢？大南决定向这两人咨询。

沟通过后，汤姆觉得比起用 IT 技术来建设神山，用它来影响神山人的行为似乎更有意思。其他地方很少有民居是由当地人经营的，分成"父亲"和"母亲"角色提供帮助的形式也很有趣，而像大粟山、寄井座这样，将艺术创作变为神山的一部分也是不错的想法。大南笑说：

"他们两个的策划案还算马马虎虎，哈哈。不过看完后，我觉得着眼于人无疑是个正确的选择。"

经过进一步洽谈，他们决定让神山成为年轻人愿意生活的地方。在英国，把老房子翻新改造十分常见。而在神山，多的是无人居住的旧民居。既然如此，就和KAIR一样，让年轻人入住旧民居吧——西村提出了这样的设想。

对绿谷来说，这个提案的时机恰到好处。由此，绿谷开始了对移居者的帮助。

过去，很少有年轻人会在离开神山后回来，这三十年里的外来人口也只有一位画家和一位陶艺家。但从一九九九年KAIR启动以来，越来越多的艺术家希望移居到这里。在满足这一需求的过程中，绿谷积累了很多与屋主交涉、提供移居帮助等实际经验。

另外，此前德岛县设立的八个移居交流支援中心中的一个就在神山，其余七个中心均设立在当地政府办公所在地，由于绿谷在移居者帮助方面有一定经验，因此获得了唯一自行运营中心的权利。如果能利用好这个项目，西村的提案就可以成为现实了。

不是让这些年轻人创作艺术品，而是让他们在劳动中发挥自身的特长——"工作进驻"的宗旨就在这一瞬间诞生了。

那时绿谷寻找的不是普通的工作人员，而是"手艺人"，这一点非常重要。大南说："神山没什么就业机会，如果能把旧民房租给能靠一技之长吃饭的手艺人，就可谓一箭双雕了。年轻人来了，小孩的数量也会增加，是个不错的主意。"

为此，绿谷决定扭转局势，主动选取移居者。神山的出生率很低，只有退休的中老年人搬来居住并不符合大南等人的期望，有孩子的家庭或是育龄期的年轻夫妻是神山更需要的。

主动选择移居者时，很重要的一点就是要能接触到有移居意向的人的资料。

如果针对移居者的帮助活动是由政府机关运营，绿谷这样的非政府组织便不可能直接接触到这些个人信息。而得到了政府委托，接触个人信息就没什么限制了。

大南在想要移居的人里，特别注意到了面包师、网页设计师这样的身份。因为个体经营者不管做什么工作，移居的可能性都更大。作为工作进驻项目的第一个案例，薪面包的上本就是相当合适的人选。

当然，也有人质疑这种做法。但大南依然主张要保有对移居者的选择权。

他觉得，挑选移居者就像娶新娘。没有谁会抽签来选新娘吧。并且，接受外来人员对地区也是有压力的。因此要选择当地接受的人。

移居交流支援中心的运营方针明确表明"优先为希望定居的人、年轻人、创业者等提供咨询。"考虑到神山面临着人口过度减少、少子化、就业率低等问题，这非常合理。而由政府主导的移居者帮助活动要坚持公正原则，所以很难按地区意愿选人。

近几年，大南常常提到"创造性人口过少"。在人口稀少的地区，人口持续减少的现象是不可避免的。在接受这一事实的基础上，要实现地区可持续发展，必须积极改变人口结构，这就是"创造性人口过少"的意思，是大南原创的。

五年前，大南曾拜托德岛大学的教授预测当地二〇三五年的人口情况。结果显示，到二〇三五年，当地的人口为三〇六五人。如果用一个小学班级的人数计算儿童数量，二〇三五年的儿童将会从现在的二十八点九人减少到十二点五人。要维持一个班级二十人的规模，每年必须有五户带两个孩子的家庭迁到神山。

"五"这个数字究竟是大是小，可谓见仁见智。但在大南看来，这是个可以实现的数字。只要每年新增五个家庭，神山就可以构建起理想的金字塔形人口结构，实现人口的均衡减少。从那时起，每年引入五个家庭便成了绿谷的目标。围绕人口过度减少的问题，从来都不缺立场鲜明的讨论。但设定具体数字目标的意义非常重大。

"接待"的精神家园

不知不觉间，一切发生了翻天覆地的变化，工作进驻项目促成了卫星办公室。

有了上本经营薪面包的成功经验，大南准备把同样的手艺人吸引到凋敝的商店街。但在找到下一个手艺人前，Sansan 的寺田亲弘首先投来了目光，想在这里建立神山实验室。这让大南第一次意识到了卫星办公室的需求。

引入卫星办公室之初，大南主动接触了那些正在探索新的办公模式的企业，也逐渐有企业愿意来神山设立办公室。经过媒体报道，神山的关注度迅速上升，吸引了更多想要移居的人。如今的神山，已经形成了由现有的移居者带动更多人移居的良性循环。

大南笑着说："以前我没考虑过企业，听了寺田的话，才意识到企业进驻的可行性，相比之下工作进驻项目就失色了。"

当然，德岛县政府在其中的作用也不可忽视。为了给卫星办公室招商，县政府特意去东京、大阪与风险投资企业洽谈，并提供了方便企业出行车辆、为企业在德岛机场预留停车位等优惠条件，在各方面都给了绿谷很大的支持。

也有人担心，"这样下去整个地方会完全不一样了。"大南则不这么认为。空置的房屋数量有限，而是否把旧民居介绍给想搬来这里的人要看绿谷意见。把老房子介绍给新人的过程中，就可以借机排除一部分可能给地区带来不好影响的人。

"我们只是在做自己喜欢的事。现在也很起劲。"岩丸笑着说。回顾绿谷的发展历程就会发现，绿谷能有今天，全靠大家把自己能做的事一点一点踏踏实实地做下去。他们一开始的目标并不远大，但在点滴中积累每次成功的经验，并在下一次去挑战更大的目标。在反复摸索中，绿谷的经验日益丰富，得到的认同也越来越多。

大南说："当然，完全没有目标和愿景是不行的，而目标太大，也可能什么都做不成。我们只是把自己感兴趣的事情坚持下去罢了。"

要说绿谷还有什么与众不同之处，那就是一直着眼于"人"，而不是"物"。

"送娃娃回家"和 ALT 的目的在于促进国际交流；卫生包干项目、建设粟生之森项目，也是为了促使当地居民转变意识。同样，在 KAIR 中，绿谷看重的是艺术家和神山的交流，成立卫星办公室是为了适应年轻移居者增多的现状。"看重的不是这里有什么，而是有什么样的人"，是绿谷一贯坚持的原则。

"这个例子可能有点不恰当，再便宜再好吃的东西也总有一天会吃厌的，但有趣的人能适应环境，并创造出无限可能。大概像是把几个想法扔出去，经过翻滚融合，生出了新的东西。用物搭建的体系会崩坏，而把人作为基础的体系却会永葆生机。"

大南觉得，新的想法、项目都是在与不同观点和能力的人交流碰撞间产生的。为此，绿谷需要让神山成为能吸引创造性人才的地方。只要有了适宜环境，自然而然就能滋生出新的创意。

在地区建设的活动开展二十余年后，神山的氛围发生了变化。

问起移居者和卫星办公室的人对神山有何印象，基本上都会得到"这里的人很亲切""不把我们当外人"之类的回答。当然，也有一些当地居民对移居者的增加感到不满，这也是目前日本农村比较封闭的反映，正因如此，神山欢迎外来的人和事的做法才显得与众不同。

而这一切都缘于经常被提起的"接待文化"。神山有第二十个札所烧山寺，对来这里的参拜者，当地人会很热情地用食物和水招待他们。有人认为，正是这种传统文化习俗，造就了神山开放的精神风貌。

对于截然不同的东西，神山人也很容易接受。

从一九九三年接收 ALT 开始，神山人每年都会接触外国人。KAIR 开始后，艺术家之类极有个性的人也出现在了神山的大街上。这里既有 Coco 和天野那样浪迹四方的旅人，也有过着几近自给自足生活的人。

缘侧办公室的广冈早纪子回忆说："说起来，我小时候就有 ALT 的外国人来家里住过。在路上看到来参加 KAIR 的艺术家，也就是'啊，又来了'，并没觉得有什么特别。"

在当地的居民看来，自从绿谷开始开展活动，这里就经常出现"不可思议的人"。这种因习以为常而不会过度关注的态度，正是神山式的欢迎方式。和不同文化的交流，改变了神山的当地人。

在神山温泉脚下的上角商店街过一整天，就能体会到神山有多么包容宽广。

漫步商店街，会看到有人在给庭院里的花花草草浇水，也有人在跟邻居闲话家常。中午，移居者、参观者、卫星办公室的工作人员会来到梅星茶屋或者粟咖啡店。到了晚上，神山塾的学员会和当地居民或者参观者们一起聚集在岩丸百货店。商店街的杂货店里坐满了嬉皮士装扮的年轻人，街上不时能遇见大步流星的外国艺术家。

虽说神山因为在这里的 IT 企业卫星办公室而常被外界提起，但这不是神山的全部。从工程师、创业者到自由职业人，神山的魅力正是因汇集了各种背景的人而形成的多元性。

"感觉这里变得更好了。"

在大粟山散步时，靠在长椅上的大南这样说。从半个世纪前林业繁荣，鼎盛时期的两万余人到如今的六千余人，大南在人口流失和老龄化的时代趋势里，不断突破和挑战，勇往直前，终于看到了成果。

肯定会有不同的声音

一九五三年五月，大南在神山町出生。他家是做土木建筑的，上面还有两个姐姐。如今，大南已经是大南组和大南混凝土工业的董事长了。但看起来，他一点也不像农村做土木活儿的大叔。

大南的举手投足很时尚，脸上一直挂着笑容。他不会喝酒，虽然有时不讲情面，但思想很开放自由，完全不讲什么权威主义，也很少会把自己的价值观强加于别人。

他说："肯定会有不同声音的。这一直是我考虑问题的前提，所以也不会灰心丧气。"

像他自己说的，大南一直积极向前看，即使在逆境里也保持着乐观的心态，往好的方面想，这和绿谷的精神非常接近。

乐观的性格虽然是天生的，但和他二十几岁时在硅谷受到的影响也不无关系。

为继承家业，大南上的是日本大学理工学部。毕业后去了美国加利福尼亚州的斯坦福大学读研究生。那正好是在一九七七至七九年这两年间，苹果公司创始人史蒂夫·乔布斯正在老家的汽车库里开发第二代苹果电脑。

大南回忆说："年轻时在硅谷呼吸到的自由空气，对我的影响很大。"

美国西海岸的氛围自由、平等、创新，这很适合他的性格。顺便一提，绿谷的名字便是模仿"硅谷"。虽然没有硅，但是有绿（自然）。大南觉得，在积极孕育新事物这一点是一致的。

大南上高中真正强烈意识到了地域之间的差异。

初中毕业后，神山的孩子大多会去德岛市的高中上学。大南去的是县立城北高中，开始了在德岛市的寄宿生活。但在寄住的地方，他听到了一些意想不到的话。

寄宿第一天，隔壁的女生过来找大南搭话：

"你是哪里来的？"

"神山的神领。"

听了大南的回答，女生说：

"在山里啊。"

大南为养育自己的神山自豪。但在城里人看来，神山只是几座大山中的一座。这样的现实让大南受到的震动，至今仍像烧红的炭火一样呼呼燃烧着。

另一个让他意识到地域界线的，是在经营企业时体会到的左右为难。

一九七九年，大南继承了家业。为了让自己的公司成为德岛县最有技术实力的，他一头扎进了工作里。大南公司的工程质量很高，在县里也颇受好评，八十年代时期，正值而立之年的大南经常获得县知事表彰奖。

能够建设神山，大南充满了成就感。

八十年代，神山的居民多次要求修整道路。很多家庭把房子盖在鲇喰川河谷里陡峭的斜坡上。这些村民就向政府提议修整道路。

后来，政府制订了修整计划，把这项工程交给了大南组等土木建设公司。

"这样一来，生活就方便多了。"

感受到居民们的喜悦，大南也非常骄傲。然而，道路的整洁便利没能挽留住村民们离开的步伐。

大南倾尽全力修好了道路，人却一个个离开了。

他想：这种情况会不会一直持续下去啊。

自己谋生的手段却加剧了人口过度减少的趋势，大南感到很空虚。如果没有公共事业以外的立足点，神山就真的要衰落下去了。大南觉得，如果神山不增加自身吸引力，就阻止不了人口流失。正在这时，他偶遇了娃娃爱丽丝。随后着手开展地区建设。在 PTA 活动中，他又结识了岩丸、佐藤这些志同道合的伙伴，得到了很大的支持和帮助。大南说：

"从那以后，我就把精力都放在了绿谷上，公司经营基本撒手了。"

神山，绝对会成为"世界的神山"

绿谷不仅倾注了大南的情感，也是许多志同道合的伙伴们情感的投射。

森刚拿到 Cotton Field 的土地时，本想建一座养老院。这里靠近神山温泉，朝东，日照充足。建设和运营养老院又能拿到政府补贴，在商业角度来看是不错的选择。但接触过大南和当地的青年团体后，他改变了想法。

确实，养老院可以赚钱。但对于老龄化不断加剧的神山来说，年轻人数量的增加比老年人更值得关注。作为土生土长的神山人，森觉得自己应该为家乡做点真正有用的事。他说：

"果然，比起老年人，还是有年轻人的地方更有活力。虽然我对露营场没什么特别兴趣，但建个汽车露营场可能会吸引一些年轻人。很少有人讨厌露营，我们自己小时候就会去。"

和森一样，佐藤的五金店里有燃气、建材、水管等多种工程用品，顾客来自神山各个地方，因此，他对神山的衰退有着很深的体会。他给各家各户送液化气，发现客户都是些老年人，这些人的孩子都去了城里，他连面都没见过。这样下去，五年、十年后，神山不知道会变成什么样子。佐藤比任何人都更清楚地看到了神山的现实。

岩丸承担的责任也不轻松。

与身为代言人的大南不同，岩丸和佐藤一起，承担了为移居者提供帮助、介绍旧民居等事务。但看看岩丸每天的工作就会发现，他对神山塾学员和移居者们的照顾，远远超出了工作范畴，近乎接待客人。

前面提过，神山塾成立后，岩丸一直让学员住在自己家里，一住就是六个月。迄今为止，从第一届到第五届学员里，他一共招待过十三人。几乎每天晚上，都会招呼学员和移居者到自己家来，一起聚会聊天。岩丸说：

"来我家参加聚会的费用是五百日元。我提供酒水，饭菜大家一起做，结束后再一起收拾。我家茶室有点窄，坐在一起时每人间隔只有十厘米。"

虽然只有半年，但初来乍到的学员们往往会感到不安。压力太大就容易一个人待在家里不出来。为避免学员和移居者们孤独一人，在他们完全适应之前，岩丸经常邀请他们来参加聚会。

"我的作用就是和年轻人们一起喝酒。因为阿信不会喝酒。我的工作只有这个，哈哈哈。刚来这里的年轻人多少会有些局促，是我女儿说，请这个过来吧，请那个过来吧。当然啦，如果我女儿说不喜欢谁，那就不会请他了。"

岩丸帮助了很多人，他回忆到："啊，对，上次碰到隅田，他说：'我追上你了哦，岩丸大叔。'他那边现在也经常在搞聚会了。我们也不是什么正式的活动，不过仔细想想似乎这么说也不全对。无论如何，为孩子们的未来能做的也只有这些了。"

岩丸为什么这么会照顾人呢？除了他生性热情好客，也与他过世的妻子有关。其实，岩丸已经先后照顾过两位生病的妻子了。

"两个老婆都去世了，我特别伤心。在某种程度上，有这些孩子们在身边真是很好，因为一个人在夜里喝酒实在太寂寞了。"

岩丸说，他的第一任妻子是在十八年前病逝的。六年前，第二

岩丸的周围有很多年轻人。

任妻子也患癌症去世了。现在，他的两个孩子都已经长大独立，剩下他和母亲一起住。作为一个独身的男人，和神山塾的学员在一起多少能填补些内心空白。

当然，绿谷的每个人都很乐观，开展地区建设活动也完全出于自愿，并乐在其中。

岩丸说："我们虽然也会考虑怎样做更好，但绝不会说这个不行，那个不行。也不会觉得一定要守护神山。感觉不妙的时候就放弃好了。"

如他所言，绿谷做这些事时，并没什么负担和压力，甚至可以说就是一群大人聚在一起玩。但是，每个人内心都有自己的想法，热火朝天的神山有着各自的情感寄托，激励着绿谷不断前行。

"这孩子实在受周围人太多的恩惠了。"大南的长姐松浦广美说。

记不清是在送娃娃回家之前还是之后了，有一次，大南对松浦说：

"神山一定会成为'世界的神山'。"

这句话让做姐姐的十分担心，弟弟到底是怎么了？她说：

"那时，我完全无法想象什么'世界的神山'。这孩子这么说实在是让我很不安，说这种大话真的没问题吗？我还去跟妈妈商量怎么办才好。周围人却都笑着说，挺好的，说说也没什么。"

不过，这个想法激起了绿谷伙伴们的共鸣，这句话也不再只是豪言壮语。亲眼见识了绿谷的成功，过去半信半疑的居民也逐渐表示了理解。绿谷开始和岳人之森、樱花会之类的团体进行合作，整个神山都行动起来了。

而受命运指引来到神山的移居者们，也开始绽放出各自的光彩。

Sansan 证明不论在农村还是在东京都可以做同样的工作；隅田身体里像是被注入了创业者的基因，准备开创一些新的事业；长谷川用她的料理吸引了许多人前来；在老龄化不断加剧的神山，神山塾的学员们成了"希望"的代名词。

移居者们正各自悄悄发挥着作用。

只要有五个人想法相同，就能改变一个地方

长冈拍摄的《产土》，片头题字是手写的，预告片由予告屋出品；粟咖啡店的中山龙二让种梅子的人和高中生一起帮忙做梅子酱；为了写硕士论文来到神山的山口良文，在祁答院的帮助下开设了补习班农下村塾……这样规模不一的合作，在神山多如繁星。

同时，移居者们也开始为解决神山面临的问题贡献自己的一份力量，他们把注意力投向了大山。

例如，Kinetoscope 的广濑圭治将间伐砍下的树木进行加工。二〇一二年十月搬来后，他从桥本、长冈那里了解到了目前的林业危机。二战后，推广造林使大山全部变成了人工林。但随着之后木材价格的低迷，人们不再照料山林，导致大山的蓄水功能越来越弱。广濑知道这样下去，十年、二十年以后，留给孩子们的神山将变得残破不堪。他说：

广濑利用间伐下来的木材开发商品。

"我从《那一天，在森林里……》《产土》的拍摄团队中得到了启发。我也是搞创作的，应该做些力所能及的事。"

广濑认为，神山衰落的源头是木材价格低迷。于是，他打算把神山间伐砍下的木材做成刀叉等餐具卖出去，希望通过这样的方式树立起品牌，为鲇喰川做些贡献。他说：

"我能做的，是品牌、产品建设、做网页之类的事。如果砍树的价值能高一点，就能让静止的山林更快地重焕活力。我不知道自己能做到什么程度，姑且当做个实验吧。"

前面提到，隅田一直在试图将山林开发成产业。为了重建山林，人们苦苦思索着各种对策。有的移居者自己买下了山林的所有权。日本偏僻山区的衰退基本可以归结为山林的荒废，要解决这个问题，单靠绿谷远远不够。只有掌握知识技术的一代人不断提出并尝试新的办法，问题才能得到解决。

不知不觉写了这么多，最后，再让我们梳理一下吧。

神山最大的吸引力在于它的"氛围"。这里开放包容，毫不排外。想要成为"世界的神山"，就要对世界敞开大门，接纳各种各样的人。而很多人会为了某个人或某件事，在神山坚持不懈地努力，希望能让它更加有趣、好玩。

另一方面，神山人很温柔。只要移居者不给当地带来麻烦，神山人就不会疏离甚至抛弃他们。只要移居者想朝前走，神山人就会慷慨地给他们帮助。这样的温暖，让迷茫的人变得积极。热情的接待、

神山的大山深处。

交流，对外来人员的认可——这正是神山氛围的核心。

那么，怎样才能营造出这样的氛围呢？参观绿谷后，我觉得维护环境空间和持续发展的重要性是很有必要的。

从送娃娃回家的活动、卫生包干、KAIR 等由绿谷发起的项目来看，"人与人的交流"是基础。召集艺术家、制作人这样"富有创意的人"来到神山，通过他们和当地人的交流来促进地区发展，其中 KAIR 的方向性更为明确。

构筑了发展的主线，知道自己能做什么，并尽可能反复实践。绿谷从来不说"你不行"，而是用尊重代替对他人的否定，这一点非常有趣。KAIR 之后，绿谷转而开展工作进驻、卫星办公室等项目，同样不否定各种可能性，不断实践新的想法。经过二十年的反复实践，绿谷改变了成员，改变了组织，也改变了这个地区。

岩丸说："在城市不太可能，但在这里，只要五个人有同样的想法，就能改变地区的面貌。"这句话，放到任何一个组织都是适用的。

最近，大南觉得，也许神山就是日本未来的缩影。

除了大城市，日本各地人口流失和老龄化问题不断加剧，考虑到整体上的人口减少和城镇化浪潮，很多地方都成了所谓的"限界集落"。为防止这种情况的加剧，需要的不是道路也不是美术馆，而是创造性人才储备。让地区吸引人才，才能存续下去。

同样，企业也面临着许多问题。日本的办公室白领工作效率比外国低。在新兴国家积极参与世界经济的今天，创造不出高的附加值，就无法在国际竞争中胜出。提高生产效率和创造附加值必须齐头并进。

Sansan 让我们看到，远程工作大大提高了工作效率。神山也在不断实践中成为孕育创造力的地方。当然，并不是说来到农村就能刺激创造力，但换个环境确实有助于转换思维。

除此之外，在移居神山的人们身上，我们也可以在其生活方式中得到新的启发。大多数人都是公司的正式员工或者非正式员工，个人属于企业这一组织，直到退休都只在某个已经确定的范围内重复着各种调动，这是一种可预见的生活方式。

但随着环境剧变，生活方式变得越来越不可预测。一往无前的勇气和享受不确定的开拓精神已成为时代要求。神山的移居者们向我们证明，只要向前走，就会遇见新的选择。

神山工程——从它身上，可以看到这个国家的未来。

神山的路上，大南在引导着一批批参观者；Cotton Field 里，森在汗流浃背地做着木工；岩丸还像往常一样，被年轻人环绕着。风景不曾改变，但神山正在一步一步，改变着模样。

人口过度减少的神山正在逐渐改善。

后记

起初，我并不知道要写些什么。

二○一一年夏天，德岛县厅的新居彻也（现任政策创造东京本部副本部长）邀请我说：

"德岛县有个叫'神山'的地方很有趣，要不要一起去看看？"

那时，我虽然连神山的"神"写哪个字都不知道，但想到新居先生的眼光一向独到，他的提议也一定不会错，"既然是他提出来的，应该挺有意思的。"就接受了他的邀请。当时，我只是觉得，不管怎样先随便去看看吧。

三个月后，新居先生的爱车阿尔法·罗密欧156载着我们驶上了去往神山的路。神山确实是个很有意思的地方。

将空屋重新利用建成的卫星办公室、工作进驻等项目，都让人耳目一新，而大南信也"创造性人口过少"的想法也带给我们一种全新的思路。当地居民和艺术家们一起创造的KAIR非常独特，而岩丸百货店里的聚会有着难以名状的混乱和回味。一直以来，开展地区建设活动都给人一种悲壮之感，但以大南为首的绿谷成员的慵懒状态，却让人觉得很有意思。

但我总觉得，第一家卫星办公室的先声——Sansan设立的神山实验室该如何灵活运用还处在摸索阶段，无法确定它到底能发挥多大作用。而且，虽有了薪面包、Blue Bear Office、缘侧办公室和 On Y Va 咖啡店，移居者也不过是刚刚开始增多。其他地方也有艺术家进驻项目在开展，从自然环境上来说，还是父亲老家的八岳①更胜一筹。

最后，我给《日经商务周刊》写了一篇一页长的稿件。说实话当时我只觉得那里就是一个"比别处稍有点特色的地方"而已。但之后，神山发生了很大变化，我只能惭愧自己当时的目光短浅。

我在《前言》里说过，写这本书的目的，不仅是记录神山移居者纷至沓来的盛景，也希望神山的故事可以对工作方式、地区建设、解决人口过度减少等普遍性问题有些许启发。当然，这也是我在神山采访感受的一个记录。

如今，随着城市化进程和人口的过度减少，高质量的地方自治团体越来越少。因此，当地居民齐心协力创造未来的神山就格外突显出自己的魅力。我也憧憬着有一天能在东京之外的地方生活，非常羡慕神山的地方自治团体。同时我也意识到，如果不能为地方做出贡献，可能就无法真正融入其中吧。

有的人，像 Plat-Ease 的隅田，给地区带来了就业；有的人，像岩丸洁，奉献自我，帮助移居者的生活起居；有的人，像祁答院弘智，

①位于长野县诹访地域和佐久地域及山梨县境的山块。为南北约三十千米的大火山群。

186

为神山培养储备人才。还有一些人，他们或精于料理，或为神山植树造林。神山塾的学员也会在结业后留在这里，尝试着从受惠人到施惠人的角色转变。给予，而非索取。虽然，我不可能同这里的每个人接触交往，但我见到的大部分人都在积极地思考如何回报神山。

说到移居，肯定是地方自治团体健全完善的地方更好；但也有人怕麻烦，不想产生太多交集。我暂时还没有移居神山的打算，因为我想，完全不知道现在的自己能给神山带去什么，这让我非常郁闷。

另一方面，正如我在第二章里写到的：向前一步，就会看见另一扇门。

现在的我已经过了三十五岁，一直以来，我都用自己的方式愉快地生活，大部分日子都是风平浪静。我可能去做自己想做的事，还没有必要换个环境。但最近，我常常对变化感到莫名恐惧，这是我在二十几岁时从未有过的感受。也许只是年纪大了吧。

这些年来，我一直是这样想的，但我发现那些移居者在考虑清楚未来之前就朝自己喜欢的方向前进了，他们每一个人的抉择都是触动人心的。我笔下他人的人生光彩夺目，但其实也是为了自己而写。虽然我不能把他们的人生完完整整地再现，但人的迷茫、烦恼、痛苦其实没有太大差别。我追随着这些移居者，体验到了很多东西。如果这些体验能给读者心里留下些什么，我将与有荣焉。

撰写本书时，我得到了以大南先生为代表的许多人的帮助。采访过程中，为了实现预设的写作目的，我还对一些人不想触碰的事情追根究底，若有冒犯还请海涵谅解。如果没有他们的帮助，不会有这本书的出现。真的非常感谢。

我还要衷心感谢采访时一直随行的摄影师宫嵨康彦先生。宫嵨先生作为前辈，会在采访的间隙告诉我他的意见。如果没有他的建议，这本书不会呈现出如今的样貌。最后，我要感谢《日经商务周刊》编辑部。自从进入写作模式以来，我把很多日常工作都耽搁了，但他们都笑着包容了我。所以，谢谢你们，我的伙伴们！

二〇一四年一月

筱原匡

照片提供

内文

宫嶋康彦：

Ⅰ、Ⅱ、Ⅲ（上）、Ⅳ、P20、21、25（右）、28、29、31、35、37（左）、39、41、42、43、44、45、46、48、52、53、54、55、56、57、58、59、61、62、66、70、72、80、84、92、96、106、112、115、124、126、128、133、137、145、149、154、160、176、179、181、184

KAIR执行委员会：

Ⅲ（下）、P162（左下、右下）

小西启三：

P162（左上、右上）

封面

宫嶋康彦、山下里加、KAIR执行委员会、小西启三

著作权登记图字：01-2015-7595

KAMIYAMA PROJECT-MIRAI NO HATARAKIKATA O JIKKEN SURU
written by TADASHI SHINOHARA.
Copyright © 2014 by Nikkei Business Publications, Inc.
All rights reserved.
Originally published in Japan by Nikkei Business Publications, Inc.
Simplified Chinese translation rights arranged with Nikkei Business Publications, Inc.
through BARDON-CHINESE MEDIA AGENCY.

图书在版编目（CIP）数据

神山奇迹：一个偏远山村变身绿色硅谷的故事/（日）筱原匡著；虞辰译.—
北京：新星出版社，2016.4
ISBN 978-7-5133-1891-4

Ⅰ.①神… Ⅱ.①筱…②虞… Ⅲ.①城乡建设－研究－日本
Ⅳ.①F299.313

中国版本图书馆CIP数据核字（2016）第007520号

神山奇迹：一个偏远山村变身绿色硅谷的故事
（日）筱原匡 著
虞辰 译

责任编辑　汪　欣
特邀编辑　侯晓琼　烨　伊　张　迥
装帧设计　朱　琳
内文制作　田晓波
责任印制　史广宜

出　　版　新星出版社　www.newstarpress.com
出 版 人　谢　刚
社　　址　北京市西城区车公庄大街丙3号楼　邮编 100044
　　　　　电话（010）88310888　传真（010）65270449
发　　行　新经典发行有限公司
　　　　　电话（010）68423599　邮箱 editor@readinglife.com

印　　刷　盛通（廊坊）出版物印刷有限公司
开　　本　850mm×1168mm　1/32
印　　张　6.25
字　　数　120千字
版　　次　2016年4月第1版
印　　次　2016年4月第1次印刷
书　　号　ISBN 978-7-5133-1891-4
定　　价　39.80元